Teoria das elites

Nova Biblioteca de Ciências Sociais
diretor: Celso Castro

Teoria das elites
Cristina Buarque de Hollanda

A política nos quartéis
Maud Chirio

Cultura e personalidade
Margaret Mead, Ruth Benedict e Edward Sapir

Eleições no Brasil
Jairo Nicolau

Teoria social
William Outhwaite

Jango e o golpe de 1964 na caricatura
Rodrigo Patto Sá Motta

Questões fundamentais da sociologia
Georg Simmel

O mundo pós-ocidental
Oliver Stuenkel

Sobre o artesanato intelectual e outros ensaios
C. Wright Mills

Cristina Buarque de Hollanda

Teoria das elites

ZAHAR

Grafia atualizada segundo o Acordo Ortográfico da Língua Portuguesa de 1990, que entrou em vigor no Brasil em 2009.

Tradução dos anexos
Eliana Aguiar (textos de Vilfredo Pareto)
Vera Pereira (textos de Robert Michels)

Capa
Bruna Benvegnù

Revisão
Eduardo Farias
Tamara Sender

CIP-Brasil. Catalogação na publicação
Sindicato Nacional dos Editores de Livros, RJ

H68t Hollanda, Cristina Buarque de, 1978-
Teoria das elites / Cristina Buarque de Hollanda. — 1ª ed. — Rio de Janeiro: Zahar, 2011.
(Nova Biblioteca de Ciências Sociais)

Anexos
Inclui bibliografia
ISBN 978-85-378-0489-6

1. Elites (Ciências sociais). 2. Poder (Ciências sociais). I. Título. II. Série.

10-6010 CDD: 305.52
CDU: 316.343-058.32

EDITORA SCHWARCZ S.A.
Praça Floriano, 19, sala 3001 — Cinelândia
20031-050 — Rio de Janeiro — RJ
Telefone: (21) 3993-7510
www.companhiadasletras.com.br
www.blogdacompanhia.com.br
facebook.com/editorazahar
instagram.com/editorazahar
twitter.com/editorazahar

Sumário

Introdução

A controvérsia entre elitismo e democracia é tão antiga quanto a tradição da filosofia política. A formulação original de uma teoria das elites surgiu da crítica de Sócrates às rotinas da vida pública na Atenas antiga, no século V a.C. Naquele tempo e lugar, os homens comuns assumiram a direção dos negócios da cidade e aboliram a vontade dos deuses como origem legítima da organização social. Nesse movimento duplo nasceram, juntas, democracia e política.

Antes do experimento ateniense existiam formas de governo, mas não formas de política, que envolvem ampla negociação e debate sobre a vida coletiva. Sem a mediação de representantes, os cargos públicos eram distribuídos por sorteio e, em casos raros, pelo voto. Além do direito à participação nas assembleias públicas deliberativas, todos os cidadãos tinham chances iguais de ocupar postos na administração pública. A criação e a execução das leis eram tarefas desempenhadas diretamente pelo povo, sem distinção de origem social. Esse envolvimento estreito com a vida da cidade definia a condição da liberdade no mundo ateniense: eram livres os homens que gozavam da possibilidade de constituir a vida pública. Apenas por vício um cidadão daria mais importância à vida privada que aos interesses do coletivo. Benjamin Constant, escritor e político francês, define a liberdade antiga como participação política, em contraste com a liberdade moderna, associada às ações no mundo privado.

Embora a escravidão fosse um limite claro ao princípio isonômico – isto é, à ideia de igualdade – na Atenas antiga, a concessão de direitos políticos a pequenos comerciantes e artesãos era uma novidade radical daquele sistema de governo. A desigualdade estava concentrada no *oikos*, ambiente doméstico com relações assimétricas entre pais e filhos, maridos e mulheres, senhores e escravos. Entre os cidadãos na *pólis*, havia oportunidades iguais de participação política. Não se conhecia, até então, um regime organizado nessas bases.

Na *República*, Platão condena a *pólis* ateniense por sua premissa de igualdade política. Para ele, a condição da harmonia social era o reconhecimento das desigualdades naturais entre os homens. A partir disso, propôs o modelo da cidade perfeita, governada por uma elite de sábios, os filósofos, que tinham acesso privilegiado ao conhecimento e à moral. Moldadas em ouro, prata ou bronze, as almas dos homens deveriam cumprir destinos específicos na sociedade. Toda subversão da hierarquia natural ameaçava a justiça. A condenação de Sócrates à morte foi a imagem-síntese do mal implicado no princípio igualitário. A filosofia política platônica nasce, portanto, contra a injustiça da *pólis* incapaz de reconhecer a sabedoria socrática.

A tensão entre elites e democracia extrapolou esse momento original e alcançou importante projeção na reflexão política moderna e contemporânea. Passado o apogeu grego, o modelo democrático viveu longo tempo de ostracismo político. As bases dessa rejeição eram de natureza substantiva e formal, isto é, somava-se ao incômodo com a ideia do povo na vida política a suposição de que o modelo democrático era incompatível com a realidade social moderna. Associada à experiência de cidades pequenas e pouco populosas, a democracia não poderia organizar a vida pública em grandes extensões de terra e aglomerados urbanos.

Marcado por esse sentido de inadequação, o regime democrático não foi incorporado à versão original do liberalismo político, em meados do século XVIII. Na sua forma grega, a única que se conhecia, a democracia não previa um instrumento básico do arranjo liberal: a representação política, isto é, a constituição de um soberano que fala e age em nome do corpo representado.

No liberalismo inaugurado pelo filósofo inglês John Locke como reação aos regimes de absolutismo político, a ideia de liberdade supõe o avesso da forma grega. Na concepção liberal, homens livres são aqueles que se afastam do cotidiano da cena pública, entregam-se ao mundo privado e dele extraem o sentido da existência. Nesse paradigma, a representação constitui condição necessária da política, pois libera os indivíduos para a vida privada. No modelo de Locke, o voto esporádico substitui a necessidade democrática da dedicação quase permanente à vida pública. Ao instituírem representantes, os indivíduos eximem-se dos sacrifícios ao coletivo e invertem o paradigma grego: a cidade passa a existir em função do homem, e não o homem em função da cidade. Nesse modelo, todos estão autorizados à liberdade privada e sujeitos a um mínimo de interferência da política.

As diferenças acentuadas entre as versões originais dos modelos liberal e democrático constituíram as bases de um encontro tenso. Até meados do século XIX, democracia e liberalismo eram noções políticas conflitantes e até mesmo antagônicas. Pouco a pouco, mediados pelo princípio representativo, acomodaram-se na fórmula da democracia liberal, que hoje organiza boa parte da vida política no mundo, sobretudo no Ocidente.

Essa nova arquitetura política foi objeto da crítica de Gaetano Mosca (1858-1941), Vilfredo Pareto (1848-1923) e Robert Michels (1876-1936), autores que constituem o cânone do que se convencionou denominar teoria das elites. Apesar das nuances e até importantes distâncias nas visões políticas desses três pensadores, todos convergem na descrição da democracia liberal como regime utópico cuja rotina institucional não guarda vínculos com sua motivação ideal. Nessa perspectiva, as ideias de soberania popular, igualdade política e sufrágio universal compõem um universo abstrato de discurso, sem sustentação real. Na percepção elitista, todo exercício da política, alheio às suas justificativas formais, está fadado à formação de pequenos grupos que subordinam a maior parte da população.

A reação intelectual do elitismo ao avanço da democracia não foi isolada. No final do século XIX, teorias médicas e psicológicas apontavam para o comportamento irracional das massas e as hierarquias naturais entre os homens. Na contramão da ideologia democrática igualitária, essa retórica científica condenava a presença dos homens comuns na política. Diluídos na multidão e protegidos pelo anonimato, os indivíduos tendiam à ação medíocre. Para Gustave Le Bon, sociólogo francês, os rituais eleitorais obedeciam a uma dinâmica irracionalista e o voto ampliado condenava a cena pública aos impulsos primitivos do povo desordenado.

O elitismo esteve afinado com esse clima de insatisfação quanto aos caminhos da política. Embora não constituam uma escola bem-definida, com um corpo rígido e coerente de doutrinas políticas, Mosca, Pareto e Michels compartilhavam o diagnóstico de que toda forma política produz distinção entre minorias dirigentes e maioria dirigida. Nessa perspectiva, a retórica democrática, destituída de vínculos com a realidade social, serviria apenas à legitimação do poder de minorias que mobilizavam um discurso universalista com vistas a garantir seu próprio benefício.

Importante notar que a crítica elitista não se volta para os princípios democráticos e socialistas em si mesmos, mas para as possibilidades de eles, efetivamente, organizarem a realidade social. Para os elitistas, todos os sistemas políticos, apesar de seus discursos de justificação, instituem uma relação de dominação entre os homens. Michels sintetiza essa percepção com a tese da lei de ferro das oligarquias, que destina toda organização a um regime necessário de subordinação da maior parte pela menor. Os elitistas opunham às ficções democrática e socialista o que consideravam uma investigação criteriosa da realidade social.

A marca forte do realismo político aproxima os elitistas do pensamento de Nicolau Maquiavel, pensador florentino do Renascimento que deslocou as visões sobre a natureza humana e sobre a política do vício idealista para a observação do possível. Nessa perspectiva, que inaugura a política moderna, homens comuns e política deixam de ser pensados na sua forma desejada para serem compreendidos na sua existência real. Os indivíduos não são pensados como *deveriam ser*, mas como efetivamente *são*. Assim como Maquiavel, os autores elitistas recusam o campo abstrato e infértil das ideias puras em favor da adesão forte ao princípio de realidade como meio para o conhecimento. Poderiam também ser chamados realistas.

Maquiavel dirige a crítica realista à sobrevivência, na vida pública, de noções da teologia política medieval. Entre os elitistas, o objeto da insatisfação era o racionalismo da época iluminista. Os homens teriam substituído a crença no sobrenatural por exercícios abstratos da razão, igualmente alheios aos termos concretos da realidade social. O século XIX, animado pela ficção igualitária, testemunhou a expansão do sufrágio e a inclusão do povo nos rituais da política. A democracia representativa produziu espaço institucional para a expansão do socialismo. Conforme o diagnóstico elitista, um equívoco acolheu e fortaleceu o outro.

Jean-Jacques Rousseau, François Fourier, Pierre-Joseph Proudhon e Karl Marx compunham o cenário intelectual rejeitado pelos elitistas, por seu forte irrealismo. O elitismo inverte a suposição de Rousseau a respeito da desigualdade como artifício humano, resultado de um movimento de deturpação da natureza igual: para os elitistas, a desigualdade é condição necessária de toda sociedade, e a ideia de igualdade é inadequada para compreender os termos reais de funcionamento da política.

Outra importante marca compartilhada pelos autores do elitismo foi a busca comum pela produção de critérios científicos para o estudo da sociedade. O objetivo desses pensadores não era opor uma utopia a outra, mas produzir meios seguros de entendimento da realidade. A ciência, nessa perspectiva, é mobilizada como antídoto ao pensamento abstrato e aos devaneios retóricos. A adoção dos métodos das ciências da natureza deveria ser capaz de tornar a política e a sociedade objetos de interpretação rigorosa, imunes a toda imprecisão e preconceito social.

Nesse aspecto, há importante afinidade entre o elitismo e o positivismo de Augusto Comte, que organiza os percursos cognitivo e político da humanidade em três estágios necessários: teológico, metafísico e positivo. Positivismo e elitismo integram, portanto, um movimento de cientificização do saber sobre a sociedade, sentido predominante do pensamento político desde meados do século XIX.

A disputa pelo reconhecimento científico foi justamente uma característica forte do conflito entre Mosca e Pareto. Mosca transitou entre os mundos político e acadêmico e foi menos bem-sucedido que Pareto na produção da imagem de imparcialidade necessária a um cientista. Embora pioneiro na formulação do argumento das elites como destino necessário das sociedades, seu exercício científico, marcado pelas rotinas da política congressual, acabou relegado a um reconhecimento marginal, ofuscado pelo protagonismo de Pareto. Michels, décadas mais jovem que os dois, esteve deslocado dessa disputa pelo pioneirismo científico e foi, declaradamente, um seguidor de Mosca, com quem travou contato na Universidade de Turim. A novidade que propôs foi a aplicação do preceito elitista à observação minuciosa do cotidiano do Partido Social-Democrata Alemão. A partir de um estudo de caso, o autor sugeriu um padrão universal de reprodução das organizações.

Este livro percorre os traços gerais da biografia e do pensamento político da tríade elitista - Mosca, Pareto e Michels -, com atenção para as linhas de continuidade e afastamento entre suas obras. Em seguida, investiga os ecos do elitismo clássico na versão contemporânea denominada elitismo democrático, de Joseph Schumpeter (1883-1950) e Robert Dahl (1915-). Nessa nova acepção, as elites passam de obstáculo a condição da democracia. Supera-se, portanto, o antagonismo antigo entre elites e democracia, bem-expresso no conflito insuperável entre Platão e a *pólis*. Por fim, aponta sinais do elitismo na formação da República brasileira, com atenção às obras políticas de Oliveira Viana (1883-1951) e Assis Brasil (1857-1938), figuras-chave do pensamento republicano autoritário e liberal, respectivamente. A associação do elitismo com matrizes políticas distintas ilustra sua notável capacidade de ajuste político.

Gaetano Mosca

Mosca nasceu em família letrada de Palermo, na Sicília, em 1858, antes do tardio processo de unificação italiana. Sem origem aristocrática, tampouco experimentou as condições médias de vida dos italianos meridionais à época: filho de servidor público, escapou do analfabetismo predominante na região. Graduou-se na Universidade de Palermo no curso de Direito, carreira promissora em um tempo de formação do Estado italiano e criação de estruturas administrativas. À época da unificação, a expansão dos quadros públicos e do ensino universitário constituía um cenário favorável aos jovens com boa formação.

A vida profissional de Mosca foi marcada pela tensão entre a carreira política e o percurso acadêmico. Preterido em disputas pela cátedra de direito constitucional em universidades na Sicília, afinal retornou à Universidade de Palermo como docente, em 1885. Apesar disso, não foi admitido em posto regular e experimentou fortes dificuldades financeiras, com escasso apoio familiar. O vínculo precário com a universidade levou-o a abandoná-la e seguir para Roma, onde foi aprovado em concurso público para o cargo de revisor parlamentar da Câmara dos Deputados.

Da fase siciliana da sua vida resultou sua primeira obra, *Sobre a teoria dos governos e sobre o governo parlamentar*, publicada em 1881 e marcada por forte insatisfação com as rotinas da política italiana sob o governo parlamentar. Já nesse texto Mosca esboça as linhas gerais de seu sistema teórico e propõe um estatuto de ciência à reflexão sobre a política.

Para o autor, os maus hábitos intelectuais produziam obstáculos à formação do verdadeiro saber científico, então confinado aos estudos da natureza e da física. A constituição de um método científico rigoroso, inacessível às mentes comuns, deveria libertar o estudo da política e da sociedade do juízo vulgar e desqualificado. Era essa a ordem de motivações que impelia Mosca ao mundo acadêmico. Tal como Émile Durkheim, Max Weber e Vilfredo Pareto, seus contemporâneos, o jovem siciliano pretendia fundar uma nova ciência, dedicada ao esclarecimento dos princípios de organização da sociedade e da política.

A ciência proposta por Mosca era avessa à sedução das aparências e das fórmulas fáceis. No primeiro capítulo da obra, o autor critica a permanência injustificada das classificações de governo de Aristóteles no cenário político-intelectual. As diferenças de forma entre monarquia, aristocracia e politeia seriam irrelevantes para o entendimento das dinâmicas reais da política.

Para Mosca, a única distinção política que importava era aquela entre governantes – minoria que acumula o poder – e governados – grupo numeroso sobre o qual incide o poder. A maioria, apesar das crenças que tenha sobre si própria, jamais participa de fato do governo. Sempre haverá uma classe política organizada que se impõe, por superioridade moral, aos numerosos e fortes. Na Idade Média, havia os barões, o clero e os cônsules das corporações; no tempo dos monarcas esclarecidos, havia a burocracia e a nobreza de corte; à época de Mosca, havia os empregados e os representantes do povo. Em síntese: extensos corpos desordenados, incapazes de autonomia política, subordinam-se às elites de seu tempo.

O processo de diferenciação que constitui minorias privilegiadas em meio à maioria subordinada baseia-se, segundo Mosca, em três critérios de distinção. O primeiro deles, a riqueza, teria migrado de uma prevalência de direito a uma prevalência de fato, que seria sua característica moderna. Isto é, embora os movimentos de democratização do liberalismo tenham abolido a riqueza como critério formal e explícito de participação na vida política, não ameaçaram sua permanência como critério real. O segundo critério distintivo, o lugar social do nascimento, teria importância crucial na definição das biografias individuais. Para Mosca, o nascimento situa os homens em um universo de conhecimentos, valores e posturas que os aproxima ou não dos modos de vida da minoria dominante. Entre os bem e os malnascidos haveria distância significativa nas chances de incorporação às elites. Apenas em sociedades avançadas o mérito, terceiro operador de distinção, poderia superar os efeitos sociais das marcas de origem. Este não seria o caso da sua Itália meridional, onde riqueza e nascimento eram obstáculo às qualidades individuais como meio de ascensão social. Para Mosca, a tendência natural à constituição de elites não garante, portanto, a qualidade delas.

Vale notar que as justificações das elites para o lugar privilegiado que ocupam são indiferentes aos critérios reais de sua formação e sustentação, isto é, elas não anunciam a riqueza, o nascimento ou o mérito pessoal como definidores da sua condição de elite: estes marcadores sociais operam de modo tácito e escapam ao discurso político. Para tratar da retórica da elite política com vistas a legitimar seu lugar social, Mosca propõe o conceito de fórmula política. Destinada a ocultar o verdadeiro sentido da dominação, essa retórica pode ser de três tipos.

Um deles associa a origem da autoridade a um princípio sobrenatural ao qual os homens devem obediência e temor. Nesse regime de legitimação, a subordinação tem fundamento teológico. O segundo tipo de justificação baseia-se na abstração racional, bem-ilustrada pelo princípio de soberania popular, referido à suposição inverossímil do poder emanando de todos os homens: nos termos da ficção representativa moderna, os homens teriam igual participação na política e pautariam as ações do governo por seus desejos e interesses. Por fim, há ainda a possibilidade de um modelo discursivo híbrido que associa o sobrenatural e o racional. Este seria o caso da Itália, onde o lugar do soberano é devido "à graça de Deus e à vontade da Nação".

Em todas as estratégias de justificação, as bases reais de sustentação da elite política permaneceriam ocultas pela sedução religiosa e/ou racionalista. Os homens não se subordinam apenas pela força e são suscetíveis a crenças que produzem sentido para o lugar inferior que ocupam. Governantes e governados estariam, nesse sentido, ligados por laços comuns de sentimentos e valores.

Além de um exercício de análise científica, posteriormente amadurecido, a fase siciliana original de Mosca teve ainda a marca forte de denúncia e condenação das práticas políticas locais. *Sobre a teoria dos governos* foi obra representativa dessa motivação. Nesse texto, a rotina do sistema parlamentar italiano, distante do ideal da fórmula política democrática, é narrada como prática de corrupção e imoralidade. Ministros e deputados, ligados por obscuras redes de reciprocidade, conduziriam a vida política por um caminho alheio ao interesse público, uma vez que as maiorias parlamentares providenciadas aos ministros para o livre curso de seus projetos políticos seriam trocadas por cargos e favores pessoais a deputados. As classes políticas, diretamente ligadas ao mundo institucional da democracia, garantiam seus interesses em detrimento das expectativas de seu eleitorado. O governo não aderia aos princípios formais da política, e a Câmara dos Deputados constituía um corpo de representação fictícia. O liberalismo, nessa perspectiva, não havia instituído ruptura funda com o Antigo Regime e mantinha importantes linhas de continuidade com ele.

O antropólogo Mario Grynszpan localiza a primeira obra de Mosca no universo de expectativas e frustrações pessoais do jovem siciliano. Originário de um segmento subordinado das classes dominantes, o autor veria sua dificuldade em ingressar na carreira universitária como sintoma de um sistema fechado, viciado pelo privilégio e incapaz de reconhecer as virtudes técnicas e científicas dos indivíduos. Excluído ele próprio dos marcadores de inclusão do nascimento e da riqueza, não encontraria modos de fazer prevalecer seu mérito pessoal.

A transferência para Roma, em 1888, teria inaugurado novo percurso da trajetória profissional de Mosca. Ali permaneceu dez anos e conciliou o reingresso na carreira universitária, em 1893, com o acesso privilegiado ao Parlamento, objeto central da sua reflexão política. Para Ettore Albertoni, um dos principais intérpretes de Mosca, esse momento marcou a autonomização progressiva do autor com relação à cena política da Itália meridional e também, de forma associada, o amadurecimento do seu argumento científico. O final do período romano assinalaria, conforme cronologia proposta por Albertoni, a passagem de Mosca para uma fase intermediária da sua obra, menos associada ao exercício de denúncia. A publicação de *Elementos de ciência política*, texto premiado que rendeu a Mosca uma cátedra na Universidade de Turim, seria a expressão mais evidente desse novo momento.

Nesse livro, ele identifica o despotismo como contraface necessária do socialismo, fórmula política que encontrou livre curso na democracia liberal. Ele também incrementa seu vocabulário político com o conceito de defesa jurídica, uma espécie de referência ética para a política. A premissa de fundo dessa ideia é a de que os homens são dotados, simultaneamente, das potências de moralidade e imoralidade. O sentido da defesa jurídica, considerado esse panorama da natureza humana, é o de instituir controle e limitação dos movimentos egoístas que desviam a sociedade dos seus objetivos. Desse modo, a responsabilidade pelo equilíbrio moral necessário ao bom andamento da vida pública não é tarefa exclusiva dos indivíduos, mas compartilhada com o Estado. A produção de harmonia entre as razões do indivíduo e as da sociedade é justamente o objetivo desse mecanismo proposto por Mosca. O Estado, nessa perspectiva, deve ser um instrumento de ponderação entre as paixões individuais e a razão da sociedade. Esse é um aspecto central da utopia conservadora de Mosca, que concebe um Estado racional capaz de proteger o corpo social e garantir melhores condições de formação e renovação à classe política. Vale notar que o princípio de defesa jurídica marca a passagem de uma postura crítica e reativa do autor – característica de sua fase original – para uma atitude normativa, atenta às possibilidades reais da resistência aos cursos de degeneração da política.

Embora a obra política de Mosca não seja marcada por rupturas significativas, os tons de um certo idealismo realista são definidos com clareza na fase mais madura do autor. Animado por um ímpeto denunciativo, o jovem Mosca não chegou a propor um modo de escapar da associação indesejável entre liberalismo e democracia. Os passos seguintes de sua trajetória, marcados pelo ingresso na política parlamentar, combinam diagnóstico e prognóstico político. Isto é, Mosca somou à observação da realidade a imaginação de fórmulas para corrigi-la.

Se a visão realista tende ao lamento e à paralisia, o ideal político descola-se da realidade imediata e associa-se à especulação de outro mundo possível. Para superar a condição degenerada da vida pública italiana, Mosca imaginava a formação de uma nova classe política, original dos extratos médios da sociedade, com autonomia econômica e consistência moral. Seria ela o lugar social de defesa jurídica das estruturas estatais ainda frágeis na Itália pós-unificação. Seria ela, por fim, o motor necessário à transformação da política.

Encerrado o capítulo Roma, a ida para Turim marcou maior projeção da figura pública de Mosca. Além de palestras na universidade e artigos em jornais de grande circulação, o político alcançou um assento no Parlamento, em 1909. Embora eleito pelo Partido Liberal, dizia-se conservador. Em tempos de hegemonia democrática, foi o único deputado a manifestar-se contrariamente ao sufrágio universal masculino, por considerá-lo mais uma fórmula demagógica e anticientífica do governo parlamentar. Pouco depois, Mosca exerceu ainda outro mandato parlamentar, foi subsecretário do governo Salandra, de 1914 a 1916, e eleito senador, em 1919. A busca de orientações para a ação política deu à sua iniciativa científica forte dose de pragmatismo.

Para Grynszpan, se a ciência de Mosca transferia legitimidade para sua atuação política, a recíproca não era verdadeira. O reconhecimento produzido no exercício da vida pública não era transportado com facilidade para o campo da ciência. A dupla inserção de Mosca – nos campos da prática e da reflexão política – teria ofuscado seu protagonismo intelectual na proposição de um novo campo do saber humano. Pareto, de uma geração posterior à de Mosca, acumulou maior reconhecimento pela produção de um olhar científico para a sociedade, avesso à ficção metafísica e atento às dinâmicas reais de constituição da política.

Os sinais de formação do fascismo arrefeceram a crítica de Mosca, já em idade madura, ao modelo parlamentar, que então assumia novo sentido histórico para ele. Com a crise do Estado moderno, observada desde princípios do século XX, três percursos políticos anunciavam-se, para o autor, como prováveis e temíveis. O primeiro deles era a ditadura do proletariado, conforme o experimento soviético. O segundo, o retorno ao governo absoluto. O terceiro, por fim, era o sindicalismo.

Refratário a todas essas possibilidades, Mosca passa a identificar o governo representativo como o menor dos males políticos, como um caminho desejável, portanto. Nesse novo momento, rejeita a crítica indistinta à democracia e ao socialismo e destaca a experiência democrática como legítima. A condenação ao socialismo deixa de envolver seu principal meio de expansão política: a democracia. Apesar dos equívocos, a fórmula política que vinculou os sistemas democrático e liberal teria alcançado importante mérito civilizatório. No final da vida, o autor siciliano deslocou, portanto, o foco do seu antagonismo intelectual para o fascismo e chegou a promover a defesa do liberalismo como antídoto ao avanço autoritário.

Depois de o filósofo Giovanni Gentile publicar o *Manifesto dos intelectuais fascistas*, Mosca aderiu ao *Manifesto dos intelectuais antifascistas*, liderado pelo intelectual e político Benedetto Croce em maio de 1925. Em discurso no Senado, anuncia a transformação profunda de seu diagnóstico político:

> Eu jamais teria acreditado ter de ser o único a fazer o elogio fúnebre do regime parlamentar. Eu, que sempre critiquei duramente o governo parlamentarista, devo agora lamentar sua queda. Reconheço que esse

sistema deveria sofrer modificações sensíveis, mas não creio que tenha chegado o momento de empreender sua transformação radical.

A produção intelectual de Mosca não permaneceu imune aos efeitos dessa nova fase do seu envolvimento com a política. A segunda edição dos *Elementos de ciência política*, publicada em 1923, trouxe novidades substantivas. Nela o autor afastou-se da rigidez conceitual da primeira versão, baseada na observação estrita do sistema político, e substituiu o conceito de classe política pela denominação mais ampla de classe dirigente. A nova designação refere-se ao conjunto de forças que orienta a sociedade em todos os níveis, incluindo as minorias dirigentes nos campos da economia, da religião, da tecnologia, sendo a política uma variável ligada ao exercício do poder.

Esse foi um importante ajuste para o entendimento de uma realidade que se mostrava mais diversificada e estratificada em elites de diversas espécies. Mosca migrou, portanto, de uma preocupação estritamente política para uma elaboração mais abrangente, atenta às dinâmicas sociais que escapam ao mundo político. Ao fim da vida, o autor afastou-se do sentido fortemente institucionalista que marcou sua obra e admitiu um tratamento mais flexível da questão política. Albertoni atribui esse movimento à influência de Pareto, ligado a uma visão mais geral do fenômeno político e menos atento à questão específica do governo.

Os ecos da obra de Pareto no texto de Mosca não excluem o movimento inverso, de recepção de Mosca por Pareto. Ainda que a rivalidade manifesta entre esses autores tenha resultado em escassas referências mútuas, a influência de um na obra do outro não escapa a um olhar mais observador. Mosca foi o primeiro autor a sistematizar a interpretação elitista do fenômeno político e influenciou as gerações sucessivas de intelectuais atentos ao tema.

Vilfredo Pareto

Vilfredo Pareto nasceu em Paris, no ano de 1848, em família da aristocracia italiana. Seu pai, Raffaele Pareto, exilou-se na França devido ao envolvimento estreito com o movimento nacionalista italiano liderado por Giuseppe Mazzini. Em fins da década de 1850, o avanço do processo de unificação nacional produziu um cenário político favorável ao retorno da família à Itália. Em Turim, Pareto concluiu os estudos secundários e ingressou na universidade local, onde dedicou-se ao estudo da física e da matemática e, afinal, graduou-se em engenharia. Seu longo percurso intelectual em direção à sociologia teve importante influência dessa formação original. O objetivo de produzir reconhecimento científico para os estudos da sociedade mobilizou os métodos e os hábitos intelectuais das ciências consolidadas à época, com as quais tinha familiaridade.

Em paralelo ao exercício da profissão de engenheiro, frequentava círculos intelectuais em Florença e alcançava reputação de pensador erudito. Em 1876, a redefinição da cena política italiana, após a vitória eleitoral de novo segmento político, golpeou a posição social privilegiada de Pareto. Avesso ao transformismo, como se nomeou esse novo período da história política italiana, ele passou da situação à oposição política. Os objetos centrais da sua crítica ao regime recém-instituído foram a corrupção, o protecionismo e o intervencionismo estatal. A rotina política emergente atentava contra o curso natural do liberalismo, à época visto com bons olhos por Pareto. Na sua perspectiva original, o mal político que se observava era uma deturpação dos princípios liberais básicos.

A mudança na política nacional produziu novo curso para a trajetória profissional e intelectual de Pareto. Dedicado à campanha liberal e pacifista, deixou o emprego e tentou ingressar na vida parlamentar, com uma candidatura derrotada na província de Pistoia, em 1882. Onze anos mais tarde, quando as condições de permanência na Itália se complicaram pelos efeitos de sua crítica aberta ao governo, partiu para Lausanne, na Suíça, onde foi contratado como professor e iniciou sua trajetória acadêmica.

Em 1896, quando contava 48 anos de idade, Pareto publicou seu primeiro livro, intitulado *Curso de economia política*. Distante ainda das marcas intelectuais que constituem a sua herança à sociologia, esse texto acolhe a expectativa iluminista de progresso e a ideia do liberalismo como boa forma política. Motivado pela crítica à política intervencionista do Estado italiano pós-unificação e pela defesa do livre-cambismo, o autor migrou da engenharia à economia.

Apesar do contraste com sua obra posterior, já é possível identificar nesse primeiro livro o tipo de preocupação metodológica que acompanhará Pareto na sua trajetória futura. Observam-se nele um esforço intelectual baseado na experiência e também a importação, para a economia política, dos métodos das ciências naturais. Além da marcante preocupação científica, Pareto esboça reflexões de natureza sociológica. Dois capítulos do livro apresentam ao leitor a premissa de um equilíbrio social dinâmico como resultado da ação de forças transformadoras que imprimem mudanças lentas e contínuas à sociedade.

O *Curso de economia política* ainda inclui, por fim, forte crítica à premissa igualitária do socialismo. Embora do marxismo o autor aproveite a perspectiva da luta de classes, opõe a ele a tese de que todo sistema político, mesmo o comunista, produz uma pequena classe exploradora em oposição a um grupo extenso de homens explorados. O antagonismo entre dominadores e dominados não seria, portanto, peculiar ao mundo capitalista, mas inerente à própria condição da sociabilidade humana.

Na Universidade de Lausanne, Pareto buscou dar autonomia às ciências sociais, distinguindo-as do direito, e sofreu importante resistência dos colegas. Não teve ali uma história de integração e cumplicidade intelectuais. Seu isolamento culminou no autoexílio em Céligny, também na Suíça, a partir de 1901, onde passou a se dedicar exclusivamente à reflexão e à escrita científica.

Pareto considerava o afastamento da cena política condição necessária à ambição científica – e esse movimento era compatível com o questionamento dele sobre o espírito científico de Mosca, envolvido de perto com a política. O verdadeiro cientista não poderia aderir a uma ou outra parte em um conflito e deveria buscar posição absolutamente imparcial. Longe de produzir orientações para a ação política, a ciência, na perspectiva proposta, apenas promove investigação objetiva da realidade. O exercício científico pode produzir verdade, e não utilidade. Pareto destitui a ciência de toda intenção normativa. Dela não deriva moralidade ou sentido para a vida. A ciência pressupõe o interesse por si mesma e não dá prova científica de sua necessidade. A ciência, por fim, não produz movimento ou ação, mas compreensão da realidade.

A preocupação com o sentido e a origem das ações humanas é justamente a questão central do *Tratado de sociologia geral*, obra de maior projeção de Pareto, publicada em 1916. Esse texto marca uma transição fundamental no pensamento do autor: da adesão à crítica ao liberalismo. A partir do *Tratado*, passa a descrever o discurso liberal como instrumento lógico para ocultar a origem emocional das crenças. O liberalismo, nessa nova visão, tem raízes nos sentimentos e nas emoções humanas e apenas ostenta aparência racional. A mesma interpretação também se aplica ao fenômeno do socialismo, que envolve profissões de fé em justificações racionais. A investigação a respeito da simbiose entre sentimento e razão e do seu impacto na produção da realidade social constitui, a partir de então, o principal desafio intelectual de Pareto.

No *Tratado*, ele propõe duas ordens de motivação para as ações humanas. A primeira delas, de menor alcance, é a das ações lógicas, baseadas no ajuste entre os meios empregados e os fins desejados. Neste caso, a coerência entre meios e fins observa-se tanto na consciência do sujeito que age como na realidade objetiva.

A segunda ordem de motivação, muito mais significativa, é a das ações não lógicas, que escapam ao ajuste real entre meios e fins. Vale notar, nesse caso, a distinção entre a consciência do ator e o fato. Isto é, embora o sujeito da ação possa percebê-la como eficiente e considerar adequada a relação entre meios e fins, essa percepção não resiste a uma análise objetiva. Apenas uma consciência externa, atenta aos recursos de racionalização das crenças e dos sentimentos, seria capaz de perceber o desajuste entre métodos e objetivos. O ritual da dança da chuva entre os índios guarani pode ilustrar essa dissonância entre consciência e realidade. Se após a dança há chuva, os atores envolvidos no ritual tomarão sua ação por eficiente, isto é, atribuirão a chuva à dança. O cientista, contudo, será capaz de observar a inadequação entre meios e fins e identificar a causa verdadeira, natural, da chuva.

Para Pareto, a maior parte das ações humanas é do tipo não lógica, mesmo que não tenha essa aparência. O entendimento das formas sociais não pode escapar, portanto, ao estudo da psicologia dos homens, sede dos movimentos que constituem a cena pública. Uma proposição preliminar do autor é a de que os homens tendem a revestir suas ações de aparência lógica, mesmo quando são movidos por estímulos de outra ordem. Pareto supõe que toda razão mobilizada para justificar uma ação constitui explicação a posteriori, deslocada da origem. A razão não constitui, salvo casos raros, causa primeira das ações humanas, não tem moto próprio.

A sensação ou aparência lógica do não lógico resulta de exercícios de justificação por ele nomeados derivações. Em busca da causa original das ações humanas, Pareto vai além do nível do discurso. As derivações, modelos de retórica, estão ancoradas nos resíduos, expressões de sentimentos e instintos dos homens. É, portanto, no universo obscuro das emoções, anterior aos resíduos, que se encontra o principal motor das ações humanas. Pareto lança-se ao desafio de desvendar, recorrendo à razão, as ações que escapam à razão. Em outros termos, seu interesse é estudar, por meio da lógica, as ações não lógicas.

O modelo antinômico de Pareto opõe o par natureza-biologia, dotado de unidade e permanência, ao par cultura-razão, móvel e múltiplo. As variáveis sentimento, resíduo e derivação ajustam-se à dualidade natureza-cultura do seguinte modo:

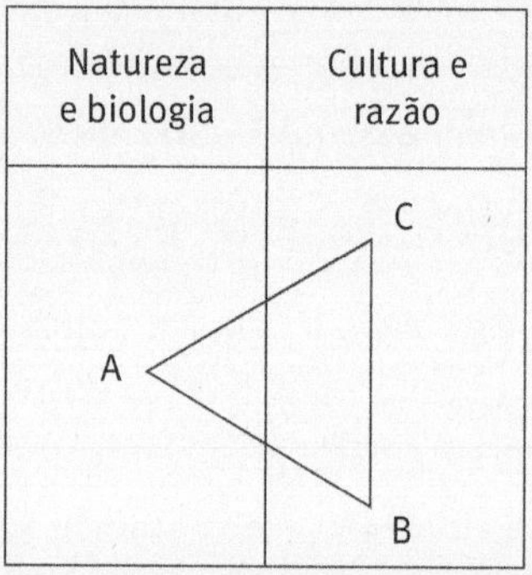

A: Sentimentos
B: Resíduos
C: Derivações

Para estudar logicamente as ações não lógicas podemos conhecer pela observação apenas B (os atos, resíduos) e C (os discursos, derivações). A (sentimentos) não se oferece diretamente à observação. Podemos apenas encontrar seus sintomas em B e C, sem alcançar o conhecimento de sua essência. A permanece em zona obscura, inacessível ao entendimento. Segundo Pareto, um erro comum é tomar B como resultado necessário de C, isto é, supor que os atos derivam da sua argumentação racional, e não o contrário (que a argumentação racional deriva dos atos já consumados).

A inversão B-C (ação-discurso) no lugar do movimento intuitivo C-B (discurso-ação) não é necessariamente consciente. Em muitos casos, os sujeitos da ação acreditam, de fato, que são movidos pelas razões do seu discurso. Essa crença pode alcançar tal força que, de fato, as suas ações passem a ser orientadas pelo que originalmente era apenas uma justificação racional. Ou seja, os motivos abstratos enunciados no discurso passam a ser, efetivamente, a causa das ações – e, nesse sentido, os discursos produzem realidade. Pareto não é insensível, portanto, à possibilidade de as derivações inventarem dimensões do real, e tampouco alheio à utilidade social das crenças, embora esteja mais atento ao movimento inverso de racionalização das ações motivadas por sentimentos.

Vale lembrar que A é permanente, ao passo que B e C são princípios móveis que se ajustam aos distintos tempos e sociedades. A retórica da condenação ao homicídio, por exemplo, pode mobilizar argumentos tão diversos como a fúria divina ou a violação de direitos humanos naturais.

Apesar do caos aparente constituído pela enorme variedade de ações e justificativas para a ação, Pareto identifica linhas de agrupamento dos resíduos (que devem produzir um entendimento ordenado da realidade), seis princípios de identidade no extenso universo de ações que resultam dos sentimentos. São eles: instinto das combinações, persistência dos agregados, necessidade de manifestar sentimentos por meio de atos exteriores, resíduos relacionados com a sociabilidade, integridade do indivíduo e dos seus depoentes e, por fim, resíduos sexuais.

Desse universo de motivos para as ações, apenas os dois primeiros atendem, com mais evidência, à indagação sociológica de Pareto. Segundo o autor, a tensão entre o instinto das combinações e a persistência dos agregados permeia a história da humanidade em uma relação de oposição e complementaridade e constitui chave para o entendimento das dinâmicas de formação das sociedades.

O instinto das combinações baseia-se em um princípio de inovação e renovação. Neste primeiro resíduo estariam as origens dos movimentos intelectuais, do progresso e também, como consequência necessária das primeiras características, do egoísmo e da desatenção ao agregado. Aí estariam as bases das civilizações superiores e as causas do seu declínio. Uma sociedade baseada na pulsão da novidade, sem o contraponto da permanência, não garante as suas condições de reprodução e está fadada a um curto ciclo de vida.

É exatamente o sentido de conservação que descreve o segundo dos resíduos, a persistência dos agregados. As ações com esta inspiração têm uma natureza inercial, são expressão da tendência humana a manter os arranjos estabelecidos e evitar o custo das transformações. Esse princípio induz à estabilidade e à conservação e está na base dos laços religiosos, nacionais e patrióticos que mantêm os vínculos entre as sociedades. Sociedades que desenvolvem este resíduo de modo limite perecem pela falta de renovação.

Em estado puro, portanto, nenhuma dessas pulsões tem vida longa, embora a persistência dos agregados tenha natureza menos volátil. Apenas a combinação de resíduos de naturezas conflitantes pode produzir equilíbrio social mais consistente. A associação de opostos constitui, entretanto, um cenário de estabilidade necessariamente provisório, e não produz superação do antagonismo inerente às sociedades. Para compreender as bases móveis de funcionamento da sociedade, Pareto lança-se à investigação das rotinas de circulação das elites políticas, resultado da tensa complementaridade entre permanência e inovação.

O conceito de elite de Pareto, à diferença da noção de classe política da primeira fase de Mosca, não se limita aos quadros formais do governo e da política. Trata-se de uma categoria mobilizada para a observação de todos os grupos dispostos na sociedade. A premissa dessa ideia é que, em qualquer ramo da atividade humana, alguns homens são melhores do que outros e alcançam maior destaque no desempenho de seus ofícios. Sempre existe um grupo de poucos homens mais talentosos que prevalece sobre um grupo extenso de sujeitos menos aptos. Nessa perspectiva, o critério para definir uma boa ou má elite é a maior ou menor capacidade de executar uma atividade específica. Não há impedimento, portanto, em supor a figura de um "bom ladrão", isto é, de um sujeito que infringe as normas com competência e destaca-se no meio daqueles que se dedicam ao mesmo objetivo. O que define as elites, assim, é um princípio de eficiência, e não um critério moral.

No sistema apresentado por Pareto, a elite política constitui uma das classes de elite e reúne os homens mais aptos à condução do governo. Como em outros setores da atividade humana, um conjunto de homens mais capazes se destaca e subordina os menos capazes, sempre em maior número.

Longe de constituir uma realidade estática, a dominação é dinâmica, baseada em uma negociação tensa entre dirigentes e dirigidos. As condições do domínio não são estáveis e passíveis de reprodução indefinida. Os fundamentos do poder exigem, portanto, renovação constante. Como Maquiavel, Pareto entende o poder como um lugar frágil e precário que demanda esforço permanente de atualização, sem garantias de sucesso. As elites, portanto, embora constituídas pelos melhores, não estão imunes a ameaças externas. O autor dedica-se, então, a identificar padrões de ascensão e queda das elites no poder e, desse modo, reduzir a margem da imprevisibilidade na política.

A metáfora orgânica é bastante elucidativa da análise social de Pareto. Para ele, a condição de vida do corpo e das sociedades é a circulação. Nas sociedades, ela se dá em ritmos distintos e tanto pode produzir movimentos extremos de substituição integral das elites, na forma de revoluções, quanto motivar trocas progressivas das elites com o meio social. Neste último caso, são assimilados para os quadros da elite os membros inferiores com vocação para ascensão social, e excluídos aqueles que não estão à sua altura.

Embora distintas, essas duas dimensões têm vínculo estreito. Quando a circulação intraelite não acontece – isto é, quando a elite não renova seus membros –, a tendência é que ocorra entre elites, de modo radical. O confinamento de membros superiores em extratos inferiores, sem perspectiva de mobilidade, conflagra um processo de formação de nova elite entre os homens superiores em condição de subordinação. Esse grupo passa a disputar o poder com aquele que se fechou à renovação. Se a circulação não percorre os caminhos mais suaves, tenderá a se precipitar de forma violenta. Por oposição, a assimilação paulatina dos melhores extratos das classes dominadas altera e prolonga os processos de declínio político. Apesar disso, não extingue a ameaça da queda. Não existe, portanto, arquitetura institucional capaz de manter uma elite indefinidamente no poder, e a história política é descrita, por este motivo, como um "cemitério de aristocracias".

Na ciência social proposta por Pareto, a imparcialidade do cientista é condição de entendimento da realidade. Essa premissa tem abrigo na obra e também na biografia do autor. Em busca das condições ideais de isenção, Pareto impõe-se uma vida de "eremita". "Para estudar sociologia", diz, "é necessário estar absolutamente fora da vida ativa." Céligny foi o lugar desse isolamento e, igualmente, do nascimento de sua sociologia; foi ainda, e por fim, o lugar do seu reencontro com a vida política e intelectual italiana. Paradoxalmente, o exílio o conduziu ao retorno do mundo abandonado. O longo tempo de isolamento acolheu duas transformações convergentes, na obra do autor e na política italiana. Pareto passou do elogio à crítica do liberalismo na mesma altura em que a Itália iniciava sua migração para o fascismo e abandonava o modelo da democracia parlamentar.

Em fins dos anos 1910, Pareto alcançou projeção na cena pública italiana como cientista visionário. Nos seus escritos políticos, anunciava a superação necessária da plutocracia demagógica e a produção de uma radical modificação das formas de organização social. O ciclo necessário de renovação das elites precipitaria, em breve, uma novidade política. O regime em agonia não teria longa sobrevida.

Em 1922, os operadores do fascismo apresentaram o novo regime como materialização da profecia científica de Pareto. No mesmo ano, Mussolini indicou-o para o Senado e para a representação da Itália na conferência sobre desarmamento da Liga das Nações.

Pareto foi feito o intelectual por excelência do novo regime, embora existam indicações ambíguas a respeito dos termos da sua adesão a ele. Em carta de junho de 1921, dizia a um amigo: "Tenho prazer em sentir que a grande confiança que tinha nos fascistas agora minguou." Em outubro de 1922, contudo, também em carta, manifesta forte apreço por Mussolini e diz ser ele o tipo de "homem que a sociologia pode invocar", em alusão ao príncipe exortado por Maquiavel para salvar a Itália da desordem política em princípios do século XVI. Mussolini, por analogia, seria o príncipe potencial do século XX italiano.

Pareto morreu em agosto de 1923; teve, portanto, vida curta sob o fascismo. Embora tenha se somado aos primeiros movimentos do novo regime, o vínculo orgânico com a ordem fascista foi, em medida significativa, obra de seus intérpretes.

Robert Michels

Robert Michels nasceu em Colônia, na Alemanha, em 1876, em uma família de alta burguesia comerciante. Depois da formação básica em ginásios alemães, dedicou-se à carreira militar nos anos de 1895 e 1896. Em seguida, iniciou os estudos universitários e percorreu prestigiadas universidades europeias, em Paris, Munique e Leipzig.

Em 1902, Michels aderiu ao socialismo durante estada na Itália. De volta à Alemanha, militou, entre 1903 e 1907, no círculo da social-democracia, segmento da esquerda política à época. Nesse curto espaço de tempo migrou de um ideal reformista para uma perspectiva revolucionária. Situado na ala esquerda do Partido Social-Democrata Alemão, manteve relações estreitas com Karl Kautsky e também com o segmento anarcossindicalista ligado a Raphael Friedeberg.

Sua relação com o partido sempre foi marcada pela crítica à democracia incipiente no interior da organização, isto é, à concentração do poder em torno de um grupo dirigente. À diferença de Mosca e Pareto, Michels experimentou envolvimento estreito com o objeto de investigação e crítica e compartilhou suas crenças. A denúncia da oligarquização do partido surgiu, portanto, como lamento de um militante. Os traços mais fortes de sua obra nascem do desencanto com o curso real da política.

Ao longo de sua formação, Michels acolheu importante influência de Mosca, a quem se refere como mestre, e Max Weber, de quem foi amigo próximo. À luz da sociologia de Mosca, interpreta a oligarquia dominante em um partido de classe como expressão da minoria organizada. Pela proximidade com Weber, observa atentamente o fenômeno da burocratização progressiva dos organismos democráticos.

Embora tenha produzido bibliografia extensa, com 33 livros e centenas de ensaios políticos, o estudo do pensamento de Michels tende a concentrar-se em torno de *Sociologia dos partidos políticos*, livro publicado em 1911. Logo no prefácio, o autor, à semelhança de Pareto, postula a ciência como ferramenta neutra de verificação da realidade. Nessa perspectiva, o exercício científico não produz sentido para o real, mas meios para sua compreensão, o que não autoriza otimismo ou pessimismo na interpretação da realidade social. A análise criteriosa da realidade apenas revela sua natureza, inacessível a um observador desatento.

Estabelecidos os termos da sua reflexão, Michels lança-se aos temas do partido e da democracia. Para ele, a organização é o único modo de criar vontade coletiva; é a mediação necessária entre o interesse e a ação. A reação dos dominados aos interesses dominantes não poderia surgir de uma cena desorganizada. Apenas aos patrões interessa a indisciplina das vontades.

Embora condição vital da classe operária, a organização tem como consequência necessária a subordinação de um grupo grande a um pequeno. Este é o curso necessário dos grupos humanos que buscam constituir um corpo social consistente. Apesar da retórica igualitária do socialismo, as dinâmicas reais de configuração dos partidos operários não escapam à lei de ferro das oligarquias, ou seja, à formação de minorias dirigentes que impõem sua vontade à extensa massa dirigida. Entre democracia e organização existe uma relação negativa: as organizações afastam-se de suas motivações originais à medida que se expandem e complexificam-se. A oligarquização necessária de toda iniciativa de ordem constitui a tese central da obra de Michels.

Sendo um instrumento de combate, o partido deve ser eficiente. Somente uma classe de políticos profissionais, dotada de iniciativa decisória, pode atender à demanda por agilidade. Os ritmos lentos da democracia são incompatíveis com as necessidades de reação imediata da política. Na concessão ao princípio de eficiência está a origem do processo de oligarquização que afasta o partido de sua essência original.

Para Michels, a maturação dos partidos produz afastamento progressivo das lideranças com relação às massas governadas. Migra-se, portanto e necessariamente, de uma situação original – e ideal – na qual os chefes são meros executivos da vontade coletiva para um cenário em que a classe política é investida de autonomia de juízo a respeito de suas ações. Em outras palavras, os representantes passam a agir conforme sua própria consciência a respeito do interesse coletivo e descolam-se das bases sociais que autorizaram seu mandato. Esse momento acolhe uma transformação essencial no desempenho da função do representante, que passa de "servidor" a "patrão do povo". Inicialmente obrigados aos governados, os representantes fazem-se, em seguida, seus senhores. Trata-se de uma inversão da intuição lógico-temporal que supõe ser o representante produto – e não produtor – da vontade dos representados.

Embora ajam em nome das massas, inúmeros chefes e parlamentares opõem-se a elas, em pensamento e na prática. Até mesmo sindicalistas e anarquistas, que se creem antídotos à democracia autoritária dos partidos, não escapam ao processo necessário de oligarquização e mobilizam a retórica e a burocracia como principais mecanismos de dominação.

Para Michels, o poder tem uma natureza conservadora e corruptora capaz de subverter os ideais originais do socialismo. Nessa perspectiva, a consolidação do partido avança na medida inversa da energia revolucionária. Quanto mais madura a organização partidária, mais tímidas suas ações e maiores os obstáculos aos segmentos revolucionários que perduram ou surgem no seu seio. Esse fenômeno, em grande parte, deve-se ao fato de o partido passar a se constituir, para muitos de seus membros, como um fim em si mesmo, e não mais como meio subordinado ao objetivo do socialismo. Muitas famílias passam a retirar o sustento do partido e interessar-se, nesses termos, por sua conservação. A causa política do partido é feita marginal pelo protagonismo das causas pessoais. Esse regime de acomodação é incompatível com a identidade original da organização e, para Michels, constitui seu curso necessário – uma "lei de ferro".

Assim, a única distinção substantiva entre aristocratas e socialistas é a sua distância com relação ao poder. Uma vitória eventual dos socialistas apenas alteraria a composição social da elite de dominadores, e não ameaçaria o modelo de dominação; venceriam os socialistas, mas não o socialismo. A causa permaneceria inatingida, sacrificada pela chegada de um novo grupo autointeressado no poder.

A subversão das motivações originais do partido é ainda agravada pela tendência à personalização da política. O amálgama entre vida partidária e vida particular introduz, no universo político, o tema da gratidão e desloca os critérios da adesão ao partido. Isto é, os membros do partido trocam a fidelidade à causa pela fidelidade aos líderes e passam a extrair deles, e não dela, as orientações para a ação.

Segundo Michels, os chefes de partidos associam-se a uma aura de santidade. Ferdinand Lassale e Karl Marx seriam exemplos da canonização socialista. Na Itália meridional, os líderes seriam rodeados de mitos religiosos. Na Alemanha, o povo, particularmente suscetível às vozes de comando, tomaria seus chefes por heróis. O forte sentimento da tradição, avesso às mudanças, prolongaria a direção partidária no poder. Para Michels, esse fenômeno generalizado traz consigo o risco da vaidade e da vontade alargada de poder. Movidos pelo desejo de dominação, os homens tendem a renunciar ao idealismo para extrair vantagens pessoais das oportunidades de poder. Somando-se a Mikhail Bakunin, Michels afirma que até o amigo mais dedicado da liberdade é um tirano em potencial.

Particularmente atento à psicologia dos chefes de partido, e à interação entre eles e suas bases, Michels passa a investigar o impacto da origem social dos dirigentes na rotina dos partidos. Para ele, os chefes de origem burguesa tendem a ser mais leais à causa socialista e também mais dispostos às soluções políticas radicais. Entre os burgueses, a conversão ao modo de vida operária implica sacrifício material e renúncia à família e também ao círculo original de sociabilidade. Apenas o amor desinteressado pela verdade e a paixão socialista poderiam motivar os burgueses a essa migração social com pesados custos pessoais.

Quanto ao chefe de origem proletária, encontra na posição de mando no partido um modo de ascensão social. À diferença do líder burguês – cuja escolha implica desprestígio frente a seu ambiente social de origem –, o partido constitui, para o chefe proletário, uma marca de distinção. Ao alcançar uma posição superior na organização partidária, ele é alçado acima da condição média de vida dos homens da sua classe. Ao substituir o trabalho manual por funções burocráticas ou intelectuais, o operário passa a constituir um segmento menor da sua classe de origem. Forma-se, desse modo, uma aristocracia operária.

Na nova condição, acusa Michels, o operário não cultiva sentimento de solidariedade com relação aos menos instruídos e tende a substituir a aspiração revolucionária pela atenção à própria trajetória. A metamorfose econômica tende a metamorfosear ideologia e costumes. Os operários abrandam seus modos e repudiam a agressividade. Convertem-se em sujeitos moderados.

Burgueses e operários têm, portanto, membros desertores. No caso dos operários, os desertores são sua própria elite dirigente e produzem alteração substantiva dos rumos do partido. A motivação socialista original é substituída por causas privadas. Curiosamente, o fenômeno de aburguesamento dos partidos tem, segundo Michels, os operários como motor principal.

A insatisfação com o socialismo e com a democracia conduz Michels à aproximação com uma retórica nacionalista que está na base da sua identificação com o fascismo. A adesão do autor à ideia de nação como instrumento de transformação política e social foi precipitada pelo episódio da intervenção italiana na Líbia, em 1911, ano decisivo na sua biografia política e intelectual. Além da edição de *Sociologia dos partidos políticos*, a data marcou novo rumo do pensamento político de Michels. A nação deslocou-se para o centro da sua reflexão política e passou a acumular as expectativas de superação do imobilismo social e expressão da vontade popular. Esse ponto de inflexão na história política e no pensamento do autor afastou-o dos paradigmas internacionalista e pacifista. O princípio de solidariedade vertical, afinado com a ideia de nação e alheio às fronteiras de classe, desloca o protagonismo da noção de solidariedade horizontal, baseada no conceito de classe e alheia às fronteiras nacionais. Nessa perspectiva, mais vale a união de diferentes segmentos da nação italiana do que o vínculo internacional entre grupos sociais com características semelhantes.

Durante os anos da Primeira Guerra Mundial, Michels estreitou os vínculos com o nacionalismo italiano. A aproximação com Mussolini veio associada à suposição de que o autoritarismo político seria capaz de consertar os desvios da democracia representativa, que produzia oligarquias incapazes de garantir o bom andamento da vida pública. A criação de uma elite monolítica e autocrática permitiria instituir um governo eficiente e superar a debilidade e a corrupção do sistema parlamentar. A fórmula fascista combinaria eficiência de governo e integração das massas à vida pública. Nesse novo paradigma, toda mediação política é abolida em favor do vínculo sensível e direto entre o povo e o chefe político. Cancelados os operadores do equívoco democrático – os representantes –, estavam garantidas as condições para o bom governo e a ação política das massas. A adesão comum à ideia forte de nação seria a base necessária para esse feliz encontro.

Se Michels adotou e ilustrou a convicção elitista de que as minorias são fenômeno inerente a toda experiência de democracia, não renunciou à busca por uma ordem compatível com a soberania popular. Questionou a pertinência da forma, mas não a substância da democracia. Paradoxalmente, o fascismo seria, para ele, o regime político mais fiel ao princípio democrático.

Importante notar que a concepção de democracia com que Michels opera é mais próxima da versão grega, que supõe participação política direta do povo, do que da forma representativa moderna, que autoriza a delegação da soberania. É justamente o entendimento da democracia na sua forma original que permite reconhecer continuidade entre o primeiro Michels, que recusa as distorções do princípio representativo no partido e no sistema político como um todo, e o último Michels, entusiasta da interlocução direta entre povo e governo. A linguagem do elitismo conduziu a passagem sem ruptura da expectativa original de democracia – frustrada pelo confronto com o curso real da política – para a aceitação do fascismo – ajustado às possibilidades concretas da política, sem negligência da soberania popular.

A colaboração de Michels com o fascismo estendeu-se entre os anos de 1928 e 1936, quando se dedicou, na Itália e no exterior, à intensa atividade propagandística que lhe rendeu a fama de "embaixador fascista".

Bases do elitismo democrático: Joseph Schumpeter e Robert Dahl

Na fase tardia da obra de Mosca, marcada pela rejeição ao fascismo, o elitismo faz uma concessão à representação política. Nesse novo entendimento, a democracia, quando bem-conduzida pelas elites, constitui uma força antirrevolucionária. A expectativa é que a abertura do sistema de elites à renovação preserve a estabilidade e a liberdade na política. Sem abolir a distinção essencial entre minorias governantes e maiorias governadas, Mosca passa a enxergar a representação como instrumento potencial da modificação lenta, contínua e oportuna das classes governantes. Desde que os grupos no poder saibam assimilar das massas os seus homens talentosos e ambiciosos, não deverão temer a subversão da ordem. Essa percepção conduz a uma importante ressignificação da democracia: quando bem-compreendida, passa de ameaça a garantia da classe governante. Na obra de Joseph Schumpeter (1883-1950), esse novo sentido esboçado por Mosca é formulado com clareza.

Para o economista austríaco, a filosofia democrática do século XVIII, herdeira do passado grego, é fantasiosa e não produz utilidade para a vida política. Essa crítica está formulada no livro *Capitalismo, socialismo e democracia*, de 1942. Nele, o autor rejeita a suposição de que a vontade do povo instrui um corpo de especialistas, seus representantes, a realizar o bem comum. Para Schumpeter, essa genealogia da ação política está baseada em um duplo equívoco.

O primeiro deles é a crença na possibilidade de um consenso sobre o bem comum, pois, para os diferentes grupos de indivíduos, a mesma noção tem significados distintos. Schumpeter recusa, portanto, a suposição de que os homens possam produzir acordo sobre um ideal político que inclua a todos, indistintamente. Os vários interesses dispostos na sociedade tenderão a produzir entendimentos diversos a respeito do bem.

A ficção do bem comum soma-se à segunda matriz do engano democrático: a crença, igualmente inverossímil, de que os homens orientam suas ações pela razão. Para o autor, a natureza humana é apaixonada, movida pelo domínio extrarracional, mesmo para deliberar sobre questões de realidade imediata. Com relação aos temas que escapam ao universo mais próximo, o juízo dos homens é ainda mais frágil. Isto significa que a possibilidade de um indivíduo deliberar racionalmente sobre agendas da política nacional e internacional é remota. A esse respeito, Schumpeter dialoga com Pareto e Gustave Le Bon. Diluídos na multidão, que pode ser física ou psicológica, os homens tendem a um uso reduzido das suas faculdades mentais. A suposição de indivíduos que ajustam meios a fins de forma objetiva e ponderada não pode ser verificada.

Schumpeter opõe ao irrealismo da democracia clássica uma teoria que supõe mais próxima da realidade e que deriva o poder político da luta pelo voto. Nessa concepção, não há distinção substantiva entre os ambientes e os sujeitos da política e do comércio. Um eleitor e um consumidor dispõem de informação superficial e mediada a respeito dos seus objetos de escolha. As possibilidades de voto ou consumo tendem a definir o desejo dos eleitores ou compradores, ao invés de serem definidas por eles. Inverte-se, assim, a relação de anterioridade do modelo democrático tradicional: as elites induzem (e não expressam) as escolhas do povo. Nas palavras do autor, "a escolha, glorificada idealmente como o chamado do povo, não é iniciativa deste último, mas criada artificialmente".

Nesse paradigma, toda ação política resulta de estratégias de maximização do voto, e a competência política é definida pela maior ou menor capacidade de atender às expectativas dos eleitores e capturar adeptos. No mercado político, a propaganda tem importância fundamental na definição do governo, pois os homens comuns aderem a um candidato como à marca de um produto.

Os partidos, nessa perspectiva, não reúnem indivíduos movidos por uma ideia compartilhada de bem. O partido real descrito por Schumpeter acolhe homens unidos pela ambição de poder e dedicados à expansão de seus ganhos individuais. Ainda que o significado social do Parlamento seja produzir ação legislativa, o princípio que move seus integrantes é o conflito pelo poder. A função social da política, portanto, é "preenchida acidentalmente" como consequência indireta da real motivação dos parlamentares, isto é, o interesse do grande número pode ser alcançado apenas como efeito da ação política autointeressada. Para o autor, não há mal, mas realidade nesse diagnóstico.

Sem renunciar à democracia, como Pareto e Michels, Schumpeter produz uma reflexão sobre sua forma possível. Nesse movimento, rejeita o conteúdo utópico do conceito e adota um princípio de utilidade, ajustado ao que considera serem as possibilidades reais da cena política. Em sua obra, as elites passam de obstáculo a premissa da democracia: o diagnóstico de uma elite política necessária converte-se de negação em condição do princípio democrático.

A democracia compreendida por Schumpeter é, portanto, uma inversão do entendimento usual do conceito. No lugar da ficção democrática que supõe representantes diretamente vinculados ao povo, o autor identifica um cenário real constituído por elites políticas, com diferentes estratégias de captura do voto, em disputa pelo poder e referidas aos interesses dos eleitores apenas na medida do seu próprio interesse. Nesse sentido, a atenção dos representantes aos representados deixa de ser um fim em si mesmo para constituir um instrumento subordinado à promoção do autointeresse. São essas as bases do elitismo democrático, que tem impacto decisivo na formulação do entendimento contemporâneo da democracia.

A obra política de Robert Dahl (1915-) – autor, entre outros livros, de *Poliarquia: participação e oposição* (1971) – soma-se ao exercício de conciliação entre elites e democracia. À diferença de Schumpeter, contudo, Dahl não se dedica à condenação da democracia clássica, entendida como regime de plena e contínua responsividade do governo aos cidadãos. Limita-se a iluminar sua natureza utópica, distante das reais possibilidades de configuração da política. Os termos da democracia possível não implicam ruptura com o ideal democrático original. No sistema político proposto por Dahl, os homens devem enxergar a democracia como princípio moral ou ideal regulador. Entre os padrões da política real e ideal não há, assim, uma relação de antagonismo. As várias formas de organização da política deverão ser avaliadas conforme a maior ou menor proximidade com relação ao "sistema hipotético" da democracia.

Apesar da diversidade dos modos possíveis de organização dos regimes, Dahl define duas dimensões fixas para avaliar os níveis de democratização da política: a competição pública e o acesso ao voto e aos cargos públicos. Para o autor, a expressão limite e combinada desses dois vetores constitui o ambiente político da poliarquia, o maior nível de democratização que os homens podem alcançar. Trata-se de um ideal orgânico, possível, visto que não existem obstáculos insuperáveis à associação entre expansão da cidadania e liberalização da política.

Mas deformações do arranjo institucional ideal podem produzir dois regimes indesejados: as *oligarquias competitivas*, no caso de pleno desenvolvimento da competição pública e supressão do princípio inclusivo; e as *hegemonias inclusivas*, na hipótese avessa, de plena participação política e obstáculo à competição pública.

A figura abaixo ilustra as três possibilidades elencadas:

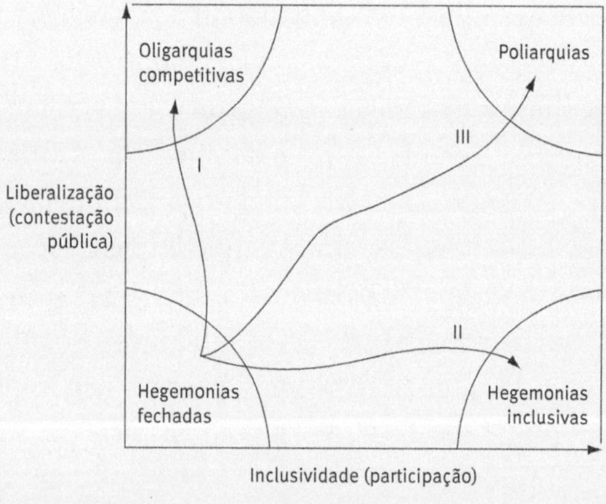

Importante notar que Dahl não se dedica apenas à identificação das cenas políticas que se afastam do eixo poliárquico, mas também cogita seu adensamento. O Estado de bem-estar social seria a principal experiência nesse sentido. Inventado após a Grande Depressão de 1929, suspenso à época da Segunda Guerra Mundial e resgatado depois dela, esse regime político tende a produzir incremento das poliarquias plenas.

O autor não adere, portanto, à tendência elitista de afirmar a indiferença entre os regimes políticos – fadados, afinal, ao governo das minorias –, e propõe uma distinção substantiva entre poliarquias e não poliarquias. Dahl argumenta que até mesmo Mosca, confrontado com a ameaça fascista, teria reconhecido a superioridade do regime de garantia das liberdades. Para o autor, a convergência entre competição pública e participação ampliada produz um movimento político virtuoso, com vantagens reais para os homens. Em linhas gerais, competição e participação têm um efeito de retroalimentação que tende a produzir um ambiente político plural, com representação crescente de preferências e interesses, renovação de lideranças políticas, incremento da politização do eleitorado e ajuste retórico e político das práticas parlamentares às expectativas dos eleitores.

O corolário desse cenário plural, enfim, é a maior responsividade dos políticos às preferências dos eleitores e à garantia das liberdades políticas, conforme o modelo original da democracia. Poliarquias tendem a resguardar direitos civis e individuais e a rejeitar o uso injustificado da violência. Embora possam assumir formas diversas, quanto mais próximas do ideal democrático, mais distantes do terror despótico.

Na sua forma contemporânea, a democracia acolheu boas doses do realismo elitista e firmou-se como objeto de consenso político. Dificilmente a política é pensada hoje sem as marcas formais da democracia. O entendimento usual a respeito desse regime de governo instituiu o *possível* no lugar do *desejável*. A democracia foi ressignificada como competição entre elites.

Marcas do elitismo nas origens da República brasileira

A tensão entre elites e democracia também povoou o imaginário político brasileiro de princípios do século XX. A República, iniciada no Brasil em 1889, trouxe forte instabilidade à cena nacional e produziu a insatisfação de diversos segmentos políticos e intelectuais da época.

Muitos autores enxergaram na habilitação política das elites a possibilidade de superação dos problemas nacionais. Entre eles, Francisco José de Oliveira Vianna (1883-1951), de origem fluminense, e Joaquim Francisco de Assis Brasil (1857-1938), gaúcho, representam a presença do elitismo nas teorias políticas autoritária e liberal, respectivamente. Uma breve alusão à obra de cada um deles ilustrará a capacidade de ajuste do elitismo a distintas matrizes do pensamento político nas primeiras décadas republicanas no Brasil.

Na obra de Oliveira Vianna, o lamento diante da cena política nacional veio associado à denúncia de inadaptação da República, que estaria fundada em um modelo político alheio à realidade social do país. Inspirada no padrão norte-americano, a arquitetura formal do poder republicano não seria capaz de organizar o povo brasileiro, destituído da vontade política necessária ao liberalismo. Segundo Oliveira Vianna, os brasileiros seriam incapazes de se aproximar da política de "maneira duradoura e pertinaz" e teriam o "aspecto desordenado, tumultuário e efêmero do motim", sem "persistência e durabilidade".

Para o autor, a superação do atraso não pode resultar da ação espontânea desse povo sem forma cívica. Somente as elites podem produzir movimento na política e romper o círculo vicioso da República. Nesse sentido, Oliveira Vianna propõe a exclusão política das "maiorias populares". Quanto maior a "incapacidade do povo para realizar seu próprio governo", maior a expectativa depositada nas elites.

O apelo às elites vem acompanhado, contudo, de um sinal corretivo. Intelectuais e políticos precisavam aprender a pensar *à brasileira* e abandonar o hábito da subserviência intelectual. Para Oliveira Vianna, a tendência natural à definição de elites que sobressaem em meio à inteligência e habilidade média não produz, por si só, bons caminhos para a política. O autor dirige às elites uma orientação clara: a produção necessária de uma vocação nacionalista. Nesse sentido, aproxima-se dos movimentos finais das biografias políticas de Pareto e Michels, embora não reproduza os termos do fascismo.

O entendimento correto da realidade nacional por homens de inteligência e formação superior deveria ser capaz de livrar o povo do seu infortúnio. No novo cenário induzido pelo governo, os homens devem transitar de uma identidade social fragmentada para um corpo social único. Essa mutação levaria ao amadurecimento necessário - e igualmente induzido - das classes econômicas no país. Oliveira Vianna identifica nas classes profissionais e econômicas o lugar necessário de formação das elites brasileiras. À diferença dos partidos movidos pelo espírito de facção, os homens reunidos pelo trabalho ou pela atividade econômica constituiriam unidades orgânicas - e oportunas - para a política. As organizações corporativas poderiam contornar a fragmentação social indesejada e produzir harmonia na diferença.

Como desdobramento dessa ideia, Oliveira Vianna descarta a figura do legislador onisciente, que, apoiado na frágil legitimidade do voto, delibera sobre todas as matérias e desconhece seus conteúdos específicos. Na política observada, as leis resultavam de uma criação endógena do governo, sem vínculo real com o universo social que pretendia regular. Com ironia, Oliveira Vianna diz serem os governantes brasileiros "bacharéis de talento (alguns mesmo de gênio) que legislavam sobre agricultura sem ouvir os agricultores; sobre indústrias sem ouvir os industriais; sobre o comércio sem ouvir os comerciantes", e assim por diante. Nessa perspectiva, o divórcio entre governo e técnica produz bases inconsistentes para as ações de Estado. Apenas a formação de elites ajustadas às necessidades específicas do país faria do governo uma "entidade viva atuante, orgânica, circulada da seiva das necessidades coletivas".

Para Oliveira Vianna, o Estado Novo, instituído por Getúlio Vargas em 1937, seria um poderoso instrumento de modelação das boas elites, atento às particularidades da formação nacional e à necessidade de induzir o amadurecimento das profissões e das atividades econômicas. A ditadura getulista, nesse sentido, seria um marco de superação dos males da política conduzida por elites viciosas.

A afinidade com o tema das elites não esteve limitada ao pensamento autoritário das primeiras décadas republicanas. Também Assis Brasil, político liberal, enxerga as elites como princípio motor da política. O autor inicia *Democracia representativa: do voto e da maneira de votar*, obra publicada em 1893, com uma crítica à nostalgia da democracia direta e um elogio ao princípio representativo. Mais do que uma concessão aos tempos modernos, incompatíveis com o exercício direto da política, a representação seria um incremento necessário à qualidade da política. Para Assis Brasil, a classe política acumula as virtudes para um bom governo e o povo não tem capacidade de deliberar sobre assuntos de interesse público. Cada povo, portanto, "deve ser governado, ou dirigido, por uma minoria inteligente".

Isso não significa, contudo, que as massas populares devam ser excluídas da cena política, mas limitadas à função específica do voto. A escolha dos representantes é uma ação que não exige ciência. Os homens comuns são aptos a manifestar preferência pela via eleitoral. O princípio elitista de Assis Brasil exclui, portanto, o povo da deliberação direta sobre as agendas públicas, mas não retira dele as bases da legitimidade política. Os homens comuns, por meio do voto, continuam sendo a origem da autoridade política e também o destino necessário dos seus bens. Nesse sentido, são legítimas as elites que nasceram da expressão verdadeira do voto e cujas ações não escapam aos marcos da lei. Embora protagonistas do processo político, não estão imunes ao controle eleitoral.

À moda do realismo elitista, Assis Brasil recusou a visão idealizada das relações entre representantes e representados, que supõe perfeita correspondência entre as ações dos primeiros e as vontades dos últimos. Para o autor, o mandato político não é vinculativo, mas livre, limitado apenas pelo tempo de vigência e pela Constituição. Isto é, o representante recebe do eleitor uma espécie de cheque em branco para agir, em nome do povo, conforme seu juízo.

Como atenta Giusti Tavares em texto de introdução à *Democracia representativa*, Assis Brasil antecedeu Schumpeter na apresentação da ideia da democracia como um método de tomar decisões públicas e como um valor em si mesmo. A qualidade da democracia, nessa acepção, não está associada aos resultados políticos que ela produzirá, mas à excelência do próprio meio, capaz de garantir o pluralismo político. Giusti Tavares identifica, a respeito deste tema, superioridade teórica de Assis Brasil com relação ao economista sueco. Schumpeter teme maus passos da democracia por tomá-la em versão majoritária e dissociá-la do princípio constitucional. Entende a democracia como uma arena de vencedores que exclui a figura do derrotado e não acolhe o princípio de diversidade política. Além disso, desconsidera, por exemplo, os impedimentos legais a expressões de preconceito social. Assis Brasil, por contraste, adere ao constitucionalismo ilustrado pelo princípio representativo proporcional. Desse modo, inibe as ameaças à democracia e garante melhores condições para a circulação das elites.

Apesar do divórcio profundo entre as bases dos pensamentos autoritário e liberal, Oliveira Vianna e Assis Brasil acolhem o tema das elites com importantes ressalvas. Um e outro, de modos diferentes, distinguem elites boas e más. A premissa comum é que o princípio elitista, por si só, não produz conteúdo desejável para a política.

No caso de Oliveira Vianna, as elites devem migrar de uma consciência política subordinada para um juízo autônomo, ajustado às particularidades do caso nacional. Além disso, devem transitar do autointeresse para uma identidade corporativa afinada com o interesse comum. Apenas essa transformação combinada produziria as bases de um novo, e positivo, tempo da política.

Para Assis Brasil, as boas elites são resultado do bom funcionamento institucional. O bom, nesta acepção, resulta da fidelidade às vontades dos eleitores, e não da adesão a um conteúdo político necessário e anterior. Desde que o corpo de representantes se constitua à semelhança das vontades eleitorais do povo, caminha-se em direção ao interesse comum. A suposição é a de que a possibilidade de os homens comuns exercitarem o voto incrementa sua capacidade política e, progressivamente, propicia a formação de melhores elites políticas. A política é pensada, portanto, em chave pedagógica. É sob o custo de instituírem maus governos, diz Assis Brasil, que os homens chegarão a constituir bons governos.

As elites, portanto, não existem a despeito e à revelia do povo, mas são autorizadas e instituídas por ele. Importante notar, contudo, que o povo considerado é apenas aquele qualificado para a vida pública. Todos os homens são sujeitos em potencial do corpo eleitoral, mas poucos efetivamente fazem jus a ele. Embora defensor do sufrágio universal, Assis Brasil exclui os analfabetos do corpo eleitoral e, deste modo, elimina segmento expressivo de uma população ainda iletrada. Impotentes para produzir juízo autônomo a respeito da cena política, à qual tinham acesso limitado, esses homens em posição inferior apenas poderiam reproduzir a opinião alheia. A qualidade do eleitor era mais valiosa do que a quantidade, e a participação política por meio do voto fazia-se, na prática, um ritual de elites expandidas. Não havia, neste aspecto, contraponto entre o modelo e a realidade. Em 1920, cerca de 65% da população brasileira com mais de 15 anos era analfabeta e pouco mais de 5% tinha direito ao voto. A crítica de Assis Brasil ao regime eleitoral era relativa, portanto, às rotinas da fraude e deturpação do voto, e não à configuração do corpo eleitoral.

No texto de Oliveira Vianna, o elitismo tem tintas mais fortes e desloca a legitimidade da política do voto para o conhecimento técnico. Em um e outro caso, contudo, o núcleo da insatisfação com a política instituída não é relativo ao princípio elitista, mas à qualidade das elites disponíveis.

Notas finais

Embora a alusão a uma teoria das elites tenda a concentrar-se em torno das figuras de Pareto, Mosca e Michels, vimos como essa preocupação é antiga e permanente no pensamento político ocidental.

Na época moderna, John Locke (1632-1704) rompe com o modelo político absolutista e concebe um pacto político em dois níveis – que podem ser simultâneos, mas logicamente distintos e sequenciais. O primeiro deles é estabelecido entre os membros da sociedade, e o segundo, entre a sociedade e o seu representante. Isto significa que a sociedade, antes de instituir a política, constitui-se como corpo autônomo. No limite, ela tem poderes de revogar a autorização do representante e redefinir a cena política. A sociedade segue como árbitro das ações do representante, devendo reconhecer-se nelas ou recusá-las. Embora heterogêneo, o corpo social autorizado a interpelar a política é constituído por proprietários.

A propriedade, portanto, é a base das elites na versão original do liberalismo. Todo desacordo que importa para a política é estabelecido entre proprietários, que se organizam em partidos. Neste paradigma, a política resulta do conflito de interesses entre as elites proprietárias. Nesse momento, o liberalismo não se combina com o princípio igualitário, pois tem um perfil elitista muito marcado.

Apenas no século XIX o liberalismo incorpora a expansão do sufrágio e, em sentido moderno, democratiza-se. Apesar disso, não elimina o lugar social das elites políticas, pois a instituição representativa baseia-se em um princípio de distinção entre governantes e governados. É justamente em torno da tensão desse encontro do liberalismo com a democracia que se debruçam os autores nomeados elitistas.

Nos primeiros anos do século XX, Mosca e Pareto, a partir de caminhos distintos da reflexão política, dedicam-se a apontar inconsistências e dificuldades da democracia liberal. Uma geração depois, Michels dedica-se à observação das contradições inerentes ao Partido Social-Democrata Alemão, de onde extraiu princípios de funcionamento das organizações em geral.

Apesar de diferenças significativas, as obras de Mosca, Pareto e Michels convergem no sentido da identificação de uma profunda contradição entre os preceitos da democracia e do socialismo e a tendência universal à formação de elites. A lei de ferro das oligarquias de Michels sintetiza esse diagnóstico da dinâmica principal e necessária da política. À exceção de Mosca, que ao fim da vida produziu defesa das instituições liberais, tal percepção mostrou-se receptiva ao movimento de ascensão do fascismo nos anos 1920. Desde então, o elitismo associou-se a essa marca forte e Pareto foi feito intelectual orgânico do regime fascista. Como uma espécie de profecia científica, o economista e sociólogo italiano teria anunciado a superação do liberalismo por uma nova ordem, mais ajustada à vocação política italiana.

Apesar das afinidades evidentes, não foi o fascismo o único destino político do elitismo. Também a versão contemporânea da democracia o acolheu como princípio político. As elites converteram-se de ameaça em fundamento da democracia. Schumpeter foi o principal responsável por essa mutação, já antecipada por Mosca ao fim da vida. Movido pela recusa ao fascismo, o intelectual e político siciliano havia esboçado concessão à democracia como instrumento oportuno para a política. Schumpeter aprofunda este movimento e converte a democracia na base da política, sem renúncia ao diagnóstico das elites como partes necessárias da cena pública.

No paradigma proposto, a democracia é narrada como mercado político. Os critérios de definição do voto não são expressão direta das vontades dos eleitores, mas resultado de estratégias eleitorais dos políticos. Os homens comuns, compradores ou votantes, não são, portanto, sujeitos do seu desejo, mas vítimas e objeto de um desejo moldado a partir de fora.

Robert Dahl é um dos autores que dão seguimento à reflexão iniciada por Schumpeter. Em *Poliarquia*, adota a versão clássica da democracia como modelo regulador da política. Com base nesse ideal moral e na observação criteriosa da realidade política, define níveis de democratização das sociedades. A boa combinação entre competição pública e acesso ao voto e aos cargos públicos constitui a poliarquia, ou a democracia possível, uma espécie de marco civilizatório. Embora não tenha forma fixa, suas variações não ameaçam as bases da vida moderna: muito pelo contrário, são garantias dela. E, como tal, constituem necessidade - e não só possibilidade - da política.

O elitismo democrático desloca a democracia do desejável para o possível. No Brasil republicano, essa perspectiva foi acolhida na obra política de Assis Brasil, que exalta o princípio moderno da representação política por seu fundamento elitista. Para esse liberal gaúcho, ao instituir mediadores políticos, a representação supera o paradigma clássico, e primário, de participação direta do povo em favor da constituição de uma classe política mais apta a instituir direção ao coletivo. Depois de longo percurso, o elitismo acomodou-se à democracia e produziu novo entendimento dela.

ANEXOS

Avulsos de Vilfredo Pareto

A pequena coletânea a seguir reúne textos de Vilfredo Pareto, escritos e/ou publicados entre 1907 e 1923, ano de sua morte. Não existe entre eles nexo de continuidade. São peças esparsas que, entretanto, versam sobre temas da política e da biografia do autor. Alguns dos argumentos centrais da sua obra surgem em meio às circunstâncias de sua descoberta e aos dilemas das escolhas intelectuais. À exceção de "Alguns pontos de um futuro ordenamento constitucional", os textos têm formato de carta e tom informal, por vezes quase confessional.

A sequência de três cartas que abre a coletânea é endereçada ao amigo Antonio Antonucci. Na primeira delas, com a extensão de um parágrafo, Pareto esclarece a ausência de valor científico dos trabalhos que antecedem o seu *Manual* [referência ao *Curso de economia política*, de 1896] e aconselha que seus textos de juventude, repletos de preconceitos, não sejam levados em consideração.

Na segunda carta, Pareto explora uma das teses centrais do seu *Tratado de sociologia geral*, qual seja, a suposição de que as expressões de convicção dos homens são como capas lógicas e racionais lançadas sobre as crenças originadas no sentimento. O juízo do autor sobre o homem comum é o juízo que faz sobre si mesmo quando jovem: também ele, aos vinte anos, acreditava usar unicamente a razão quando se movia pelas emoções. Apenas em idade madura aprendeu a desconfiar dos sentimentos. Na ontologia do jovem Pareto, o devaneio das emoções combinava-se ainda ao encanto pelos princípios – em detrimento dos fatos. A abstração das formas ideais ofuscava o seu olhar para a realidade, e o autor encontrava-se ainda distante da ciência. Apenas quando a esquerda tomou o poder na Itália e a distância entre teoria e fatos foi revelada, Pareto teria compreendido a falsidade dos preceitos da economia liberal e da democracia, que povoaram seu imaginário político por longo tempo.

Na carta de março de 1908, por fim, Pareto recusa a novidade pretendida por Mosca em sua obra. A rivalidade entre os dois autores assume contorno nítido nesse documento. Com ironia, Pareto contesta a autoria autoatribuída pelo político siciliano de três postulados antigos, a saber: 1) é sempre uma minoria que governa; 2) não há sociedade humana homogênea e dela sempre se destacam elites; 3) as aristocracias perecem. Segundo Pareto, a novidade no tratamento destas questões foi trazida por ele próprio, que buscou compreendê-las de modo integrado e produziu uma teoria testada com fatos históricos. Mosca teria se limitado à observação dos fragmentos sem ser capaz de encontrar um vínculo consistente entre eles.

O documento seguinte, uma carta dirigida a Emanuele Sella, foi redigido no ano de 1913, época do exílio voluntário em Céligny. Nesse texto, Pareto percorre os primeiros tempos de sua formação intelectual, marcados pela adoção dos princípios da economia clássica. Num exercício de autocrítica, narra sua inconsciência juvenil a respeito da distinção entre operar/fazer e conhecer. Ainda nessa carta, identifica outro vício de origem na sua aproximação com a economia: a desatenção ou atenção insuficiente a outros campos do saber necessários ao entendimento dos fenômenos econômicos. E relata o imobilismo analítico que resultou desse seu confinamento disciplinar. Nesse processo de revisão crítica, Pareto identifica a aproximação com a sociologia como um momento de inflexão na sua biografia intelectual. Se nos seus primeiros estudos econômicos existem sinais de reflexão sociológica, eles careciam de uma formulação experimental e sistemática. Desde 1910, o autor teria reorientado o eixo de sua investigação científica no sentido de uma visão mais abrangente do comportamento humano.

Em carta a Lello Gangemi, datada de 13 de novembro de 1922, Pareto reitera a mudança de suas ideias e o objetivo de compreender a economia como parte de um fenômeno social amplo. Diz-se interessado em aproximar a teoria e a experiência da economia. Na segunda parte desse curto texto, alude às suas previsões sobre a política em *Sociologia*, que ganharam realidade com a emergência do fascismo.

E em "Alguns pontos...", texto tardio (1923), Pareto, à moda de Maquiavel em *O Príncipe*, dedica-se a retirar lições da história e aplicá-las à cena política em curso. Ele atenta, por exemplo, para os perigos da infiltração inimiga nas milícias e para a necessidade de conservação do Parlamento, independentemente da opinião que exista sobre ele. O autor alerta ainda para o equívoco de se governar apenas com o consenso da maioria, frágil e suscetível a mutações. Por outro lado, aponta a imprudência de um governo que se apoia exclusivamente na força. O desafio do bom governo é o de produzir um equilíbrio delicado entre um e outro, isto é, entre a aceitação voluntária e o uso da força. Como consequência dessa observação, Pareto apresenta, não sem surpresa para o leitor avisado de seus vínculos com o fascismo, o imperativo da liberdade de imprensa. Entre os sentimentos com inscrição funda na alma dos homens, previne ele, está o livre-pensamento, uma espécie de religião. Freios malcolocados ao livre-pensamento podem fortalecer, ao invés de moderar, as opiniões divergentes. A repressão rigorosa deve incidir sobre os fatos subversivos, e não sobre a imprensa.

* * *

Algumas cartas para A. Antonucci

Céligny, 24 de novembro de 1907

Caro sr. Antonucci,
Enviei-lhe o opúsculo que desejava e um outro análogo; mas gostaria que tivesse em mente que tais trabalhos não têm, a meu ver, nenhum valor científico. Foram realizados quando eu ainda tinha preconceitos que hoje já se dissiparam; portanto, é preciso considerar que o homem que escreveu esses opúsculos e aquele que escreveu o *Manuale*, embora tenham o mesmo nome, são pessoas inteiramente diversas. Fiz esta advertência aos leitores em geral no Prefácio do *Manuale*.

Sempre seu,
Afetuosamente,
Vilfredo Pareto

Céligny, 7 de dezembro de 1907

Caro sr. Antonucci,
O senhor me escreveu dizendo que desejava ler os opúsculos que lhe enviei para tentar entender como havia se dado a transformação de meus conceitos delineada no *Manuale*. Não creio que se possa conhecer tal processo dessa maneira, mas se quer mesmo saber o como e o porquê dos fatos, que em si não têm importância alguma, eis as explicações que penso poder dar.

Evidentemente, os meus sentimentos me levam na direção daquela independência individual que um tempo atrás teve o nome de liberdade. Tinha cerca de dezesseis anos quando me aconteceu de ler dois autores de índole contrária, quais sejam, Bossuet e Bastiat.* O primeiro me desagradou ferozmente; o segundo satisfez plenamente os meus sentimentos, que, sendo contrários aos das pessoas entre as quais vivia, me permitem dizer, portanto, que não foram adquiridos, mas eram consequência da índole que carregava desde o nascimento.

Em 1868 eu tinha vinte anos e aos sentimentos já podia acrescentar o raciocínio. Parecia-me então, como parece a quase todos os homens, que minhas convicções eram fruto do raciocínio; não percebia que meu raciocínio era apenas uma tentativa de dar veste lógica àquilo em que o sentimento me levava de todos os modos a acreditar.

Foi então que li Buckle** e fiquei apaixonado. Para mim parecia o *nec plus ultra* do pensamento nas ciências sociais; encontrava nele os métodos usados nas ciências físicas que estudava naquela época na universidade e me espantava que ainda houvesse gente tão ignorante e supersticiosa que não era capaz de entender aquela doutrina.

Meu credo naquele tempo era aproximadamente o seguinte: a economia política, da forma como havia sido constituída pelos economistas ditos clássicos, era uma ciência perfeita ou quase perfeita; faltava apenas colocar em prática os seus princípios. Para tanto, era necessário imitar a Liga de Codbem,*** que era o que a humanidade havia produzido de mais útil e mais sublime em séculos. Em política, a soberania do povo era um axioma, a

---

* Jacques Bénigne Bossuet (1627-1704), teólogo francês, bispo de Maux, um dos principais teóricos do absolutismo monárquico por direito divino. Fréderic Bastiat (1801-1850), economista e jornalista francês, defensor das ideias liberais do livre-comércio. (N.T.)

** Henry-Thomas Buckle (1821-1862), historiador inglês, teórico de uma historiografia positivista ou "metódica". (N.T.)

*** Richard Codbem (1804-1865), empresário, economista e político inglês. Trata-se da "Liga contra a Lei dos Grãos", que liderava uma campanha pela diminuição dos impostos sobre os grãos e pelo livre-comércio. (N.T.)

liberdade a panaceia universal. A história mostrava, de um lado, o povo bom, honesto e inteligente, oprimido, do outro, pelas classes superiores, caracterizadas pela superstição. Militarismo e religião eram os maiores flagelos do gênero humano. César, entre os antigos, Napoleão I e Napoleão II, entre os modernos, eram para mim um exemplo de malfeitores. Eu negava ou pelo menos desculpava os males da democracia. O *terror* era uma leve mancha no quadro luminoso da Revolução Francesa.

Na Itália, o aumento dos impostos era devido somente aos maus ofícios da *consorteria*.* Se a democracia vencesse, se pudéssemos instituir a República, os impostos diminuiriam até quase desaparecer inteiramente, pois a democracia é sinônimo de liberdade e a liberdade não exige gastos do Estado.

Com o passar dos anos, esses ardores juvenis arrefeceram um pouco, e quando a esquerda chegou ao poder na Itália, e quando, na França, a República sucedeu o Império, fui obrigado a reconhecer que minhas teorias não correspondiam aos fatos. Modifiquei-as em parte, aproximando-me das ideias dos conservadores liberais, mais ou menos nos moldes de G. de Molinari.**

Estudando melhor a história, percebi que tudo aquilo que antes me parecia simples era, ao contrário, muito complexo, e comecei a entender que a palavra "democracia" significa tudo e nada.

Em economia política, as bobagens dos opositores confirmavam cada vez mais a minha adesão às doutrinas da economia dita clássica.

Tive um grande defeito e uma grande desgraça em minha vida. Trata-se do seguinte: se existia um litígio entre A e B e se eu era favorável a A, estudava com grande atenção, para julgar com equi-

---

* Em português, compadrio, panelinha. Nome pelo qual era designada a direita histórica na Itália (N.T.)

** Gustave de Molinari (1819-1911), economista belga partidário do liberalismo econômico, com vasta obra sobre o assunto. (N.T.)

dade, os argumentos de B; se me parecessem de pouca ou nenhuma importância, concluía em favor de A. E isso não funciona, pois é possível opor maus argumentos a uma teoria falsa.

Se um livro como o meu *Manuale* tivesse caído em minhas mãos quando era jovem, posso estar enganado, mas creio que poderia entendê-lo. Mas só me deparei com argumentos tolos e infantis contra a economia política e, portanto, confirmava cada vez mais os meus conceitos favoráveis a essa concepção da economia.

Quando fui para Lausanne, em 1893, ainda era um "economista liberal" e um "democrata", mas, no que dizia respeito à economia, o fato de ter de ensiná-la me obrigou a estudá-la melhor, e pude perceber que muitas de minhas teorias precisavam ser modificadas se quisessem ser científicas. O mesmo fenômeno teve lugar mais tarde em relação à sociologia, quando comecei a ensiná-la. Aprendi principalmente a desconfiar do sentimento, de modo que agora, quando uma coisa se amolda a meus sentimentos, isso só faz com que a veja com suspeita e busque argumentos contra ela com cuidado ainda maior do que teria se fosse contrária a eles.

Nisso está, a meu ver, o motivo principal das mudanças sofridas por meus conceitos.

Deve-se acrescentar uma experiência mais ampla e completa. Muitos e muitos fatos se seguiram e me obrigaram a mudar minhas teorias. Por exemplo, no início do caso Dreyfus, na França, eu ainda era um "democrata" e também um homem que acreditava que podia se regular segundo certos princípios.

A condenação de Dreyfus me parecia o cúmulo do absurdo e da iniquidade, nas circunstâncias em que teve lugar. E aqui, para começar, devo recordar o que dizia acima sobre um litígio entre A e B.

Os argumentos dos antidreyfusistas eram tão tolos que só faziam confirmar minhas ideias. Agora que mudei inteiramente, quis reler os escritos de Brunetière*, que considerei tão falsos e sofísticos quanto antes.

Depois da vitória dos dreyfusistas, fiquei chocado ao ver que usavam contra os adversários as mesmas artes malignas que antes criticavam. Foi então que acabei por entender que, se alguns poucos ingênuos como eu seguiram certos *princípios*, a maioria só dava importância aos próprios *interesses*. E foi o mesmo que constatei quando os operários conquistaram a liberdade de associação, que durante tanto tempo tinha sido negada. Vi que, por todo lado, quanto maior se tornava aquilo que hoje se chama liberdade, menor ficava aquilo que tinha esse nome em outros tempos, ou seja, a faculdade de fazer, que hoje em dia só faz se restringir, exceto para os malfeitores, nos países ditos "livres e democráticos". Com isso, aprendi também uma outra coisa: que a ação dos liberais de outrora serviu para que obtivessem exatamente o que não desejavam.

Estudando e reestudando a história, percebi que se tratava de um caso generalizado. Os homens trabalham para alcançar uma meta P, desejada por eles, mas, ao contrário, sua ação acaba por aproximar a sociedade de uma condição Q, que jamais buscaram.

Por isso, quem quiser estudar cientificamente os fatos sociais deve atentar para os fatos reais e não para abstrações de princípios e coisas semelhantes. Agora entendo o que antes não entendia e vejo relações entre os fatos que antes não via. Uma norma muito benéfica para entendermos a história e a sociologia reside em nunca aceitar como verdadeira a razão que os homens, mesmo na maior boa-fé, dão para suas ações sem antes examiná-las com cuidado para verificar se correspondem aos fatos. Em geral, os homens realizam ações não lógicas, mas acreditam e querem fazer acreditar que, ao contrário, são lógicas.

---

* Ferdinand Brunetière (1849-1906), crítico literário francês, antidreyfusista.

Hoje em dia, pouco ou nada sabemos dos efeitos de uma mudança qualquer nas condições da sociedade; sendo assim, quem defende uma dessas modificações opera praticamente às cegas: sabe para onde quer ir, mas não sabe aonde vai conseguir chegar realmente. Portanto, talvez a única norma que, na falta de melhor, se pode aconselhar é que cada um atente para seus próprios interesses e se contente em buscar efeitos imediatos e facilmente previsíveis. Disse "na falta de melhor" porque nem assim se afasta o perigo de ir parar, num tempo mais ou menos longo, num ponto diferente do que se queria atingir.

Também é interessante compreender que doutrinas absurdas podem ser socialmente muito úteis, que as várias classes sociais podem, ou melhor, devem ter doutrinas diversas ou, o que dá no mesmo, entender diversamente a mesma doutrina. Em outros tempos, esta proposição deixaria os muitos cabelos que eu tinha na cabeça arrepiados, mas hoje deixa tranquilos os poucos que restaram.

Em conclusão, se não estiver enganado, acredito que a mudança que me aconteceu deriva principalmente do predomínio do raciocínio sobre o sentimento e dos maiores conhecimentos adquiridos com o estudo da História e com a observação dos fatos presentes.

Sempre com afeto,
Vilfredo Pareto

Céligny, 16 de março de 1908

Caro amigo Antonucci,
Poderá ver na p.403 do meu *Manuale* qual é a questão levantada por Mosca.

Na teoria da circulação das elites existem vários aspectos:

1) O fato de que é sempre uma minoria que governa. É bem verdade que Mosca disse isso, mas é verdade também que muitos outros o fizeram antes dele. Nunca pretendi ter o mínimo direito de prioridade sobre tal teoria, como também nunca disse que fui eu quem descobriu a América!

2) O fato de que a sociedade humana não é homogênea, de que nela existem *eugênicos*, *elites*. Isso também é coisa velha e nunca afirmei ter feito qualquer descoberta nesse campo.

3) O fato de que as *elites*, as aristocracias, não duram, degeneram-se. Coisa igualmente conhecidíssima: até mesmo Dante trata desse assunto!

Peguei todos estes fatos e tratei de reuni-los, de buscar seu nexo, e isso deu origem a uma teoria que verifiquei com os fatos históricos. Não citei Mosca a esse respeito porque, que eu saiba, ele nunca fez isso. Reivindico apenas a teoria global, não os vários fatos que, unidos, a constituem. E ademais, tenho mais o que fazer do que perder tempo com tais inúteis discussões. Sabemos que todos os autores são sempre acusados de plágio e há uma certa verdade nisso, pois estão no mundo os germes de todas as descobertas. Em Aristóteles, encontrou-se Darwin e várias outras belas coisas; em Dante, encontrou-se tudo, inclusive Vittorio Emanuele, rei da Itália! Como disse muito bem Alfred de Musset:

Il faut être ignorant comme un maître d'école
pour se flatter de dire une seule parole
que personne ici-bas n'ait pu dire avant nous.
*C'est imiter quelqu'un que de planter des choux.**

* Em francês no original: "Só sendo ignorante como um mestre-escola/ para de uma só palavra ser gabola/ por tê-la dito antes que ninguém./ Plantar couves já é imitar alguém." (N.T.)

Mas agora vem a parte cômica. Estava em Turim no mês de outubro passado e li no *La Stampa* um artigo de Mosca em que desenvolvia longamente a ideia de que os ferroviários constituíam uma nova feudalidade: tratava-se de uma paráfrase do que está escrito na p.455 do *Manuale*.

Se eu fosse... teria feito um escândalo dos diabos para dizer que estava sendo roubado. No entanto, resolvi me abster por dois motivos. 1) Não gosto de perder tempo com questões de vaidade; 2) Não estou totalmente certo de que ninguém não tenha dito algo semelhante antes de mim; considero, aliás, muito provável que este fato já tivesse sido observado por alguém há muito tempo. É verdade que ele fez essa observação *depois* do *Manuale*. Mas pode ser que muitos outros tenham chegado a conceitos semelhantes. De todo modo, é cômico ver o mesmo Mosca que quer ser citado pela questão das elites não citar ninguém quando discorre sobre a nova feudalidade e assumir como própria uma teoria que é uma paráfrase daquela que é expressa no *Manuale*!

Sempre com afeto,
Vilfredo Pareto

* * *

Carta autobiográfica a Emanuele Sella

Céligny, 11 de junho de 1913

Caro professor,
Não guardei cópias de minhas várias publicações, um pouco por negligência, um pouco porque muitas delas não me parecem absolutamente dignas de serem lembradas. Não sei, portanto, se o trabalho mencionado pelo senhor foi realmente o *primeiro* de meus escritos econômicos. Tenho a impressão de que foi precedido por

alguns artigos no jornal *Economista*, de Florença, mas não tenho certeza. Lembro apenas que meu primeiro artigo publicado numa revista foi o que apareceu na *Nuova Antologia* de janeiro de 1877, embora não fosse de índole econômica.

Não me parece que a história de meu pensamento mereça que alguém perca seu tempo com ela; mas se realmente deseja refletir sobre essas ninharias, aqui estão, em breves traços, as indicações das minhas tentativas de adquirir conhecimento dos fenômenos econômicos e sociais.

Comecei por assimilar as teorias da economia dita clássica, pois me pareciam, e ainda me parecem, mais científicas que as teorias das escolas rivais. Dois erros fundamentais impediram-me então de progredir tanto quanto poderia no conhecimento da ciência.

1) Não entendia na época a profunda divisão que existe entre o agir e o conhecer – divisão tão profunda que, nas matérias sociais, muitas vezes uma coisa é a antítese da outra. Portanto, quis fazer propaganda daquilo que considerava útil ao nosso país ou à sociedade em geral. Essa foi a origem de meus escritos em defesa da liberdade econômica; e foi tempo jogado fora. Teria sido melhor avançar lentamente, em vez de perder tempo e forças dessa maneira.

Felizmente para o progresso de meus conhecimentos, deixei a Itália e, como as cortesias que se devem a um país que nos oferece hospitalidade impunham que não me ocupasse dos assuntos do país onde vivia, fui pouco a pouco dirigindo toda a minha atividade para o conhecimento. Isso começa no *Cours*, transforma-se na minha regra absoluta no *Manuale** e agora na *Sociologia*, a cujo estudo devo o fato de conhecer a razão teórica da separação entre o fazer e o conhecer.

---

* O *Cours d'économie politique* [Curso de economia política], de Pareto, de 1897, e o *Manuale di economia politica con una introduzione alle scienze sociali* [Manual de economia política com uma introdução às ciências sociais], publicado em 1916. (N.T.)

2) Acreditava, como muitos outros, e como muitos ainda continuam a crer, que fosse possível estudar a economia independentemente da sociologia.

Meu bom amigo Molinari repetia sempre, a propósito de meus artigos para o *Journal des Economistes*: "*Surtout pas de politique*!"* E era o que eu ouvia implicitamente de todo lado a cada artigo econômico que publicava.

Felizmente para mim, a campanha do *Giornale degli Economisti*, da qual fiz parte, misturava-se com política; e, desde então, comecei a intuir que, se era possível separar por pouco, para estudo e análise, o fenômeno econômico dos outros fenômenos sociais, era indispensável reuni-los de novo para chegar à teoria dos fatos concretos. No *Cours*, apenas comecei a seguir essa trilha, na qual avanço mais um pouco no *Manuale* e que se transforma na linha mestra na elaboração da *Sociologia*.

Defrontei-me com inúmeros problemas *econômicos* que não conseguia resolver de modo nenhum apenas com os recursos da *Economia*. Além disso, durante os meus estudos de economia, percebi que empregava vários princípios sociológicos, que, no entanto, permaneceriam suspensos no ar enquanto não se tornassem consequência de um estudo experimental. E decidi fazer esse estudo: de 1910 até hoje, tenho dedicado todo o meu tempo a ele, e foi daí que surgiu a *Sociologia* que está sendo impressa agora. Em meus estudos de economia, cheguei muitas vezes a certos pontos onde o caminho se fechava diante de mim, impedindo-me de seguir adiante; quis abrir esse caminho e prosseguir nos estudos.

Poderia tê-lo feito antes se não tivesse aceitado de olhos fechados certos princípios, éticos e de outros teores, correntes na sociedade em que vivia. Mas chegou finalmente o dia em que compreendi praticamente uma coisa que sempre soube na teoria:

---

* Em francês no original: "Acima de tudo, nada de política!" (N.T.)

quando se quer fazer um estudo de ciência *experimental*, é preciso não aceitar nenhum princípio que não seja dado pela experiência. Parece tão evidente que configura até uma tautologia; no entanto, isso não é compreendido nas matérias sociais, e durante muito tempo cometi o equívoco de figurar *praticamente* entre aqueles que não entendiam isso.

Se quisermos fazer da Economia uma ciência experimental, não podemos aceitar senão o que é dado pela experiência; se quisermos que continue a ser uma ciência que é em parte experimental, em parte sentimental, podemos acolher, juntos, princípios experimentais e princípios sentimentais.

Sempre seu,
Afetuosamente,
Vilfredo Pareto

* * *

Carta ao Professor Lello Gangemi

Céligny, 13 de novembro de 1922

Caro professor Gangemi,
Tenho aqui a sua carta do dia 8 corrente e coloco-me de bom grado a sua disposição para tudo o que vier a precisar.

Diz o senhor que gostaria de fazer uma tese sobre os economistas modernos italianos.

O termo "economista" tem dois significados bem distintos. Indica pessoas que praticam economia e finanças e indica cientistas cultores de teorias abstratas.

A maior parte daqueles que entre nós são denominados economistas o são no primeiro significado, não no segundo. Mas se o senhor disser isso, ofenderá tais ilustres criaturas que pensam ser valorosos teóricos e valorosíssimos práticos, e não receberá a sua livre-docência, ficando sem atingir o objetivo que o levou a escrever sua tese. Portanto, devo aconselhá-lo a não seguir esse caminho.

Expus longamente o meu modo de ver na *Sociologia.*

Pode levá-lo em conta mais tarde, se concordar, mas hoje não lhe dê atenção.

O *Cours* está esgotado há um bom tempo. Tenho recebido reiterados pedidos para que o reedite, mas sempre neguei por dois motivos principais, quais sejam: 1) É preciso atualizá-lo com os dados estatísticos de 1897 a 1922 e faltam-me as forças para realizar tal obra; 2) Minhas ideias a respeito de vários pontos mudaram. Poderá perceber isso no Prefácio do meu *Manuale* (edição italiana), nos artigos reproduzidos no volume *Fatti e Teorie* ou no discurso que fiz por ocasião de meu jubileu. Sinto realmente não dispor de uma cópia desse discurso, mas o amigo Pantaleoni há de tê-lo com certeza, e poderá pedir que lhe envie uma cópia.

Vivo afastado em Céligny sem pedir nada a ninguém, e posso, portanto, cuidar *exclusivamente* da concordância das teorias com a experiência, sem atentar ao restante.

Mas teria remorso se, mesmo que indiretamente, incentivasse outras pessoas neste caminho. O senhor é jovem e pode ser útil à Pátria e a si mesmo seguindo a via da economia prática. Não gostaria de modo algum de representar uma razão de dúvida em seu caminho.

Disse-lhe que consultasse a *Sociologia* porque acredito que dá a devida atenção a tais considerações, que talvez devessem ocupar uma parte maior no *Cours.*

Estou preparando a segunda edição francesa do *Manuale*, e se resistir o suficiente para completá-la, desenvolverei justamente o conceito da economia como *parte* do fenômeno social, *interdependente* de seus outros componentes.

Mas vamos à segunda parte de sua carta.

A vitória do Fascismo confirma esplendidamente as previsões de minha *Sociologia* e de muitos de meus artigos. Posso, dessa vez, alegrar-me como homem e como cientista, pois muitas vezes, até aqui, quando os fatos verificavam previsões mais sombrias, tive que lamentar como homem aquilo que poderia me alegrar por ver que havia acertado o alvo.

Manifestei meu pensamento a propósito disso numa entrevista *pedida* por um jornal. Será publicada? Não sei, pois talvez seja considerada demasiado favorável ao Fascismo. Se for publicada, tratarei de enviar-lhe o jornal.

O que diz a respeito da *vontade* é correto e é outro modo de exprimir o que digo acerca do *objetivo ideal*. Escrevi que somente tendo um objetivo semelhante, um mito desse tipo, o Fascismo poderia prosperar. Parece que os fatos agora me dão razão.

Enviarei de bom grado um artigo para *Economista d'Italia*, o problema está em encontrar tempo para escrevê-lo, mas garanto que farei o possível e o impossível.

Afetuosamente seu,
Vilfreto Pareto

* * *

Alguns pontos de um futuro ordenamento constitucional

O texto que segue é como um índice de propostas deduzidas da experiência histórica e de suas possíveis aplicações aos casos presentes. Nosso modelo é *O Príncipe*, de Maquiavel.

- A experiência histórica só pode fornecer as linhas gerais, assemelha-se à estratégia teórica; ao homem prático cabe identificar as particularidades; ao capitão genial, aplicar a estratégia.

▪ Cedo ou tarde, a presente ditadura há de encaminhar uma reforma constitucional. Melhor cedo que tarde. Seria conveniente que, na medida do possível, essa reforma respeitasse as formas existentes, renovando a substância. Exemplos: Roma antiga; Inglaterra.

▪ Força e consenso, conforme demonstrado na *Sociologia**, são os fundamentos do governo. Por isso, merecem elogio, sem qualquer restrição, as duas medidas capitais tomadas pelo Fascismo: a instituição da milícia nacional; a composição do governo com representantes não dos conchavos parlamentares, mas das grandes correntes de sentimentos existentes no país.

É preciso tomar todo o cuidado possível para se manter esse caminho. Parece fácil, mas não é. Atenção às infiltrações de elementos hostis na milícia! E mais atenção ainda para julgar sem a mínima paixão os sentimentos existentes, para não ceder àqueles que querem se servir do governo para impor aos demais os seus próprios sentimentos! Em particular, excelente é o respeito ao catolicismo; péssimo seria desejar impor, mesmo que apenas indiretamente, esta ou aquela religião. A experiência demonstra que os governos que tomam tal caminho nada obtêm senão problemas, sem nenhuma vantagem. É proveitoso imitar a antiga Roma, não se preocupar com teologias ou ideologias, mas apenas com os *atos*.

▪ Qualquer que seja a opinião que se tenha do Parlamento, neste momento convém conservá-lo. O problema a ser resolvido reside em encontrar um modo que produza vantagem com o menor dano possível.

▪ A solução para esse problema *não será encontrada buscando-se a melhor forma de eleição*. Isso não é visível porque a ideologia democrática do governo popular atua como um véu. "O melhor

* *Tratado de sociologia geral*, de Pareto, publicado em 1906. (N.T.)

governo – acredita-se – é o do povo. Como não é possível operar diretamente com milhões de cidadãos, é preciso, então, encontrar um sistema de representação, e, quando isso se realiza, temos um governo perfeito." Mas, ao contrário, *o governo do povo é pouco bom, e menos ainda o de seus representantes.* Na Suíça, tentou-se corrigir isso com o referendo. Costuma-se citar erroneamente a Inglaterra. Lá, até há pouco tempo, o governo era essencialmente a ditadura de um dos dois grandes partidos históricos. No momento atual, esse modelo está se transformando, e ainda não se sabe se a transformação trará bons frutos.

Não digo que a forma da eleição não tenha importância, digo apenas que é muito, mas muito menor do que a importância dos poderes concedidos ao Parlamento. O príncipe Luís Napoleão deu ao país o sufrágio universal, reputado procedimento democrático, mas como antídoto restringiu muito os poderes da Câmara. Entre nós, esse celebrado sufrágio já existe, acrescido ainda da benéfica representação proporcional; falta apenas encontrar o antídoto.

▪ A Câmara atual é ótima para o Fascismo; sua falta será sentida quando vier outra. Não pode causar dano, o que já é muito.

É impotente porque dividida em grupos e grupelhos? Do que se lamentam? Pretendem fazer como as rãs que pedem um rei a Júpiter? Substituam a impotência da Câmara pela potência de uma *elite.*

Não é tecnicamente "competente"? Agradeçam a Deus por conservá-la assim! Substituam a sua incompetência pela competência de um *bom* Conselho de Estado, de Conselhos dos produtores (não esquecer os consumidores) etc. Que fique para a Câmara a parte da alta política, onde ela pode atuar bem. Que expresse sentimentos, interesses, até mesmo preconceitos, desde que gerais, de muitíssimos, ou seja, de Estado.

▪ Tentar fazer com que uma Câmara superpotente tenha uma forte maioria é procurar a própria ruína. Quem disse que as eleições lhe darão essa maioria? E se ela ficasse, ao contrário, com os bolcheviques? Poderia ter acontecido em 1919-20; foi muita sorte da Itália que a Câmara tivesse seu poder diminuído pela ação dos grupos e grupelhos. E mesmo que obtivessem tal maioria hoje, quem pode garantir que a conservariam amanhã? A experiência faz ver que as grandes maiorias não demoram a sofrer cisões. O segundo Império francês encontrou opositores até mesmo entre os que haviam sido eleitos com candidaturas oficiais. Na Itália, já se verificou que o ministério que "faz" as eleições raramente conserva o poder.

Hoje em dia, na Itália, todos se tornaram fascistas. Mesmo aqueles que são tratados a pauladas beijam a mão de quem os agride. Mas no dia da eleição, quantos serão afinal os candidatos fascistas? Como separar o joio do trigo? E mesmo que se consiga separá-los, quem poderá garantir que os eleitos não mudarão de ideia? Passada a festa, esquecido o santo, esteja atento que mais de um lambe-botas estará pronto para morder.

▪ Foram vários os modos já experimentados para retirar da Câmara o poder de causar dano. Devem ser estudados com cuidado para que possam ser adaptados aos costumes italianos.

Merece atenção o procedimento inglês, segundo o qual os deputados podem reduzir os créditos pedidos ao governo, mas não aumentá-los. Maior atenção ainda deveria ser dada aos procedimentos parecidos com os que foram usados por Luís Napoleão, ou seja: votação do orçamento restrita aos pontos essenciais; leis elaboradas por um Conselho de Estado, sem acréscimos dos outros Conselhos; proibição (ou apenas restrição) das interpelações, substituídas eventualmente pela resposta ao discurso do Trono etc. Acrescente-se a isso a possibilidade facultada ao Governo de arrecadar e fazer despesas nos limites do orçamento vencido, se o novo não for aprovado em tempo. Ver como Bismarck soube resistir, no interesse supremo do Estado, ao Parlamento prussiano.

Pode-se extrair alguma coisa de uma maior força concedida ao Senado e de um uso discreto do referendo.

- Governar apenas com o consenso da maioria, mesmo que seja muito grande, não é possível, pois é preciso ter em mente os dissidentes. Governar apenas com a força, a longo prazo, também não é possível. É preciso, portanto, saber se existe um consenso, pelo menos implícito, da maioria. Para isso, uma Câmara é utilíssima (assim como é útil o referendo) e uma ampla liberdade de imprensa é indispensável. Um grande erro do segundo Império, na França, foi suprimi-la quase inteiramente. E de que adiantou ao czarismo russo tê-la abolido completamente?

Atenção, portanto, a não ceder à tentação de limitá-la de maneira notável. Dê liberdade a todas as inutilidades representadas, por exemplo, pela literatura "imoral", subversiva, que visa a inspirar "ódio e desprezo" pelo governo etc. Deixem os corvos grasnarem, *mas sejam inexoráveis* na repressão aos *fatos*. Aqueles que resolverem agir devem saber que a força vai se abater sobre eles sem misericórdia... e no mais das vezes ninguém vai tentar passar às vias de fato.

- Existem grandes correntes de sentimentos que não desaparecem jamais, embora sejam mais ou menos visíveis na superfície. São desse gênero a corrente da fé e a do ceticismo, do ideal e do materialismo, das religiões positivas e do livre-pensamento (que é, ele também, uma religião). Engana-se quem pensa que é possível suprimi-los. Sob a ideologia democrática, deslizava a corrente do fascismo, que em seguida veio à tona. Agora, sob ela, desliza a corrente adversa. Atenção para que também não volte à tona novamente! Atenção para não reforçá-la ao tentar estancá-la inteiramente!

Os piores inimigos de qualquer modelo são aqueles que querem levá-lo aos extremos. Exemplo típico disso são os ultramonarquistas no tempo da Restauração na França. Eles representaram um fator importante na queda da monarquia que clamavam defender.

▪ Reorganizar o modelo municipal na Itália é tão importante quanto reformar o modelo do Estado, e deveria ser um dos objetivos primordiais dos plenos poderes.

Ontem, a maioria dos municípios era dos socialistas; hoje, o maior número é dos fascistas. De quem serão eles amanhã? É preciso repetir nesse caso aquilo que já foi dito em relação ao Estado.

Buscar a melhor forma de eleger os Conselhos Municipais é bem menos urgente do que encontrar um modo de limitar o poder desses Conselhos. Para calar os municípios menores, não se deve permitir que casos como os de Milão e Bolonha se renovem. A experiência já provou que a presente tutela e uma suposta ação moderadora da minoria do Conselho são ineficazes. É preciso encontrar outros mecanismos. Talvez fosse possível extrair alguma coisa de procedimentos como o dos *Convocati** nos municípios da Lombardia nos tempos da dominação austríaca, de referendos, de uma tutela que, em diferentes graus, dirigisse o Senado, moderador supremo, por meio de intervenções prudentes da autoridade judiciária etc. As formas são infinitas, o objetivo é um só: escapar das ideologias democráticas da soberania da maioria. Que elas fiquem com a aparência, pois são capazes de acalentar sentimentos poderosos, mas que a substância fique com uma *elite*, pois é, objetivamente, o que se tem de melhor.

* Os *Convocati* [convocados] eram assembleias gerais, constituídas apenas nos municípios de pequeno e médio porte e formadas por todos os cidadãos, desde que estivessem inscritos nos registros de contribuintes, que tinham como encargo eleger os governos locais. (N.T.)

Avulsos de Robert Michels

A fala de Robert Michels aqui reproduzida integra um ciclo de palestras sobre sociologia política proferidas na Universidade de Roma, originalmente publicadas no ano de 1927, em volume intitulado *Curso de sociologia política*. Parte de um conjunto mais amplo de textos introdutórios, o capítulo "O caráter sociológico dos partidos políticos" foi escolhido para o presente livro por associar a tese central de Michels em *Sociologia dos partidos políticos*, sua principal obra, a uma reflexão breve sobre a experiência fascista em curso.

Na fala que segue, as influências de Weber e Pareto sobre o sistema de pensamento de Michels são feitas explícitas. De saída, ele menciona a suposição dos dois autores de que os partidos são, por definição, partes que disputam o poder, movidos por ideais ou causas materiais. Na busca pelo poder, seja qual for o sentido original da ação empreendida, os partidos trilham o percurso necessário da oligarquização: a minoria que constitui seu corpo burocrático autonomiza-se da maioria dos membros e define seus rumos à revelia do corpo maior a que deveria subordinar-se. É a lei de ferro das oligarquias, impiedoso efeito redutor de todo ímpeto original da ação coletiva – e não apenas política.

A tipologia dos partidos políticos modernos – que inclui organizações baseadas no carisma, nos interesses econômicos ou sociais e, ainda, em razões doutrinárias – não altera, portanto, o curso dessas organizações. As distinções de origem são superficiais diante da regularidade da psicologia humana, afeita à escolha de líderes. As multidões socialistas, nacionalistas, liberais e conservadoras, apesar de seus distintos conteúdos de motivação, estão fadadas a constituir partidos que agem do mesmo modo. Trata-se, segundo o autor, da teoria de adaptação das espécies de Darwin aplicada ao campo político.

Michels mobiliza ainda a ideia de necessidade histórica e atenta para a imperícia dos idealistas ou otimistas que, insensíveis à realidade dos caminhos inelutáveis, podem levar seus países a catástrofes. O que alguns vivem, com tristeza, como a derrocada da democracia, outros enxergam como a confirmação de uma "lei salutar": a subordinação dos movimentos particulares ao desejo do líder. O partido fascista não foge, portanto, à regra de constituição dos partidos. À diferença dos demais, contudo, Michels identifica nele a representação do autêntico desejo popular.

* * *

Capítulo VII — O caráter sociológico dos partidos políticos

Um partido político, do ponto de vista etimológico e lógico, reúne apenas uma parte politicamente organizada do universo dos cidadãos. O partido é uma fração, uma *pars pro toto*.* Vamos fazer um esforço breve para analisar sua origem causal e seu comportamento.

Segundo Max Weber, o partido político tem dupla teleologia. Como associação espontânea de propaganda e agitação, busca o poder a fim de proporcionar aos seus integrantes oportunidades, ideais e materiais, para a realização de objetivos concretos ou para a obtenção de vantagens pessoais, ou as duas coisas. Por

* Em latim no original: uma parte que permite conhecer o todo. (N.T.)

essa razão, a meta geral do partido, seja no aspecto pessoal, seja no aspecto impessoal, é a luta pelo poder (*Machtstreben*).[1]

Tipos de partidos políticos. No aspecto pessoal, os partidos geralmente se baseiam na proteção de um homem forte a grupos inferiores da sociedade. No Congresso prussiano de 1855, por exemplo, cada um dos muitos grupos políticos era designado pelo nome do seu líder. Assim, havia os grupos do conde de Schlieffen, do conde Arnim, de Tietz, de Karl, de Von Patow, de Von Vincke, Von Bethmann-Hollweg, Reichesperger e Mallinkrodt (este último um grupo católico). O único que era conhecido por seu verdadeiro nome era um grupo de base nacional, o partido polonês.[2]

A história do movimento operário mostra que os socialistas não abandonaram essa tradição "burguesa". Pelo contrário, muitos partidos socialistas identificaram-se de tal forma com um líder que adotaram de modo mais ou menos oficial o nome dele, como se quisessem deixar claro que eram sua propriedade. Na Alemanha, entre 1863 e 1875, as facções socialistas rivais que disputavam a preferência dos trabalhadores eram de marxistas e lassalianos. Mais recentemente, na França, os socialistas se dividiam entre os broussistas, os alemanistas, os blaquistas, os guesdistas e os jauresistas. É verdade que os homens que emprestaram seus nomes a diferentes movimentos separatistas personificavam da maneira mais completa possível as ideias e o estado de espírito que haviam inspirado e guiado a evolução de seus respectivos partidos.[3] Mas é preciso reconhecer, por outro lado, que, ao tomar a si o nome do líder, o partido está levando um tanto longe a deferência do rebanho a seu pastor.

Nesse aspecto, talvez se possa estabelecer uma analogia entre o partido político e as seitas religiosas ou as ordens monásticas. Yves-Guyot tem razão ao observar que o indivíduo filiado a um partido moderno comporta-se como os monges medievais que, fiéis aos preceitos de seus santos padroeiros, adotaram os nomes de são Domingos, são Benedito, santo Agostinho e são Francisco, e passaram a chamar-se de dominicanos, beneditinos, agostinianos e franciscanos.[4] Estes são o que denominamos de partidos de patronagem. Se o líder exerce influência sobre seus seguidores em virtude de qualidades sobrenaturais que lhe são atribuídas, é chamado de líder carismático.

O partido carismático pode assumir diferentes formas. Oficialmente, Ferdinand Lassalle, líder dos lassalianos, era apenas presidente da Allgemeiner Deutscher Arbeiterverein [Associação Geral dos Trabalhadores Alemães] – mas era o presidente vitalício. Lassalle reunia em si todos os principais atributos da liderança: vontade férrea, vasto saber, ambição e independência de espírito, reputação de desprendimento, renome e oratória persuasiva. Comprazia-se com a idolatria que inspirava nos seus seguidores, com as massas em delírio e virgens vestidas de branco a entoar-lhe cânticos de louvor e oferecer-lhe flores. Mas, no caso de Lassalle, a fé carismática não foi apenas o fruto maduro de uma personalidade exuberante e megalômana; também foi uma identificação com o conceito teórico do herói. Falando aos operários do Reno sobre suas ideias a respeito da organização do partido, Lassalle disse: "Devemos fundir todas as nossas vontades num só martelo e pôr este martelo nas mãos de um homem em cuja inteligência, caráter e vontade tenhamos a devida confiança, a fim de que seja capaz de assestar golpes certeiros!"[5] Esse é o martelo do ditador que ele, de fato, era.

Em períodos posteriores da história, quando as massas exigiram pelo menos um simulacro de democracia e controle do partido, principalmente quando a rivalidade alastrou-se entre um número crescente de líderes e tornou inadmissível a ditadura de um chefe no movimento socialista, homens extraordinários, como August Bebel e Jean Jaurès, se viram obrigados a conter o máximo possível esses desejos e ciúmes. Seguramente, Bebel e Jaurès representavam tipos muito diferentes de lideranças. Um era filho de um sargento da Pomerânia, o outro, de um professor universitário do sul da França. O primeiro era tão arrogante e arbitrário quanto seu primo, o Kaiser (daí o apelido de "Kaiser Bebel" com que Gustave Hervé tentou rotulá-lo); o segundo, um orador sem igual, brilhante, romântico e ao mesmo tempo realista, que procurava superar dificuldades relacionando os problemas e tentando resolvê-los rapidamente à medida que surgiam.[6] Contudo, os dois grandes líderes, que eram amigos além de rivais, tinham em comum uma obstinada fé na eficácia de suas ações e no destino histórico dos companheiros de partido, cujas bandeiras empunhavam. Assim, ambos foram endeusados: o prussiano ainda em vida, o francês, infelizmente, só depois de morto.

O tempo presente oferece a sociólogos circunspectos outro exemplo de grande líder cujo partido o enxerga como um apóstolo e um profeta. Benito Mussolini, da Itália, difere dos homens que acabamos de mencionar: ele não foi apenas líder de um grande partido, mas transformou-se no chefe de um grande Estado. Com Mussolini, a frase "o partido sou eu" atingiu o auge, não só com respeito ao poder e à consciência, mas também com relação à responsabilidade e ao trabalho constante. É interessante verificar até que ponto as massas populares compreenderam e levaram adiante os ideais de Mussolini, superando inclusive o próprio líder. Após escapar de um atentado contra sua vida por questão de poucas horas, Mussolini foi à sacada do Palazzo Chigi discursar para uma agitada multidão de dez mil pessoas; no momento em que explicava a situação da Itália e os perigos que todos correriam se ele tivesse morrido, ouviu-se uma voz, do meio do povo, logo abafada por estrondoso aplauso: "*Tu sei l'Italia.*"* Com essas palavras,

* Em italiano no original: "Tu és a Itália." (N.T.)

o manifestante queria dizer (e os aplausos da multidão o confirmaram) que, na verdade, não havia diferença entre Mussolini, o homem, e a Itália, o país, e que a morte de um viria seguida, sem dúvida, da completa ruína do outro. O líder do partido fascista manifestou abertamente a essência carismática de sua personalidade quando, após sofrer novo atentado, enviou um telegrama aos seus camaradas fascistas de Bologna pedindo-lhes para se certificarem de que nada de grave acontecesse com ele antes que pudesse completar sua missão.

Não é preciso mostrar os perigos dessa ideia para a política. Faremos, porém, uma observação estritamente sociológica. É evidente que lideranças carismáticas iguais a essa caracterizam-se por uma dinâmica política de imenso vigor. O grande Saint-Simon, em seu leito de morte, disse aos discípulos que para fazer grandes coisas é preciso o entusiasmo da paixão. Mas estar entusiasmado significa possuir o dom de incitar entusiasmo nos outros – um poderoso estímulo. Aí está a vantagem dos partidos carismáticos sobre os partidos com um programa bem-definido e um interesse de classe. É bem verdade, por outro lado, que a longevidade dos partidos carismáticos é com frequência circunscrita pela duração de sua vivacidade e entusiasmo, que por vezes não proporcionam mais que uma frágil sustentação. Por isso, há partidos carismáticos que, além do entusiasmo, buscam apoiar-se tanto quanto possível em instituições mais duráveis que as emoções humanas, por exemplo organizações de defesa de interesses operários e profissionais.

Assim, o carisma pode servir a concepções políticas de qualquer natureza. Todos os partidos políticos podem ter chefes carismáticos – especialmente os jovens e ardorosos partidos doutrinários, embora também se encontrem líderes carismáticos em organizações fundadas em crenças mais flexíveis. Em geral, líderes carismáticos são, no que concerne aos partidos políticos, um fenômeno primário. Em outras palavras, eles são os fundadores do partido, seus criadores e iniciadores. Mas a história dos partidos políticos mostra que há casos inversos, em que a organização é que é o fenômeno primário. Nessa situação, do ponto de vista cronológico, os líderes são secundários, no sentido de que aparecem mais tarde, quando o partido já está em atividade. Mas isso não diminui de modo algum a intensidade da força dos líderes uma vez reconhecida, desde que o partido preexistente careça de outros líderes de igual valor.

Em segundo lugar, existem partidos que tomam por base, a priori, os interesses de classes econômicas e sociais.[7] Trata-se sobretudo de partidos operários, partidos de camponeses ou de classes médias baixas – que os franceses chamam de "*les petites gens*" –, visto que a burguesia não pode, por si só, formar um partido. É necessário acrescentar uma terceira categoria, formada pelos partidos políticos que se inspiram nas ideias políticas ou morais (gerais e abstratas) de uma *Weltanschauung*. Quando essa visão de mundo se apoia num dogma mais desenvolvido e minuciosamente elaborado, pode-se falar em partidos doutrinários cujas doutrinas são, contudo, privilégio dos líderes. São os partidos do livre-comércio ou defesa, ou dos que tratam de direitos à liberdade ou à justiça (a cada um segundo seu trabalho, sua capacidade ou suas necessidades), ou, ainda, dos que tratam da autoridade.

É evidente, entretanto, que essa diferenciação entre partidos de patronagem, partidos de interesse econômico ou social e partidos doutrinários não é rígida nem definitiva. Não é rígida pela simples razão de que os partidos atuais e os partidos do passado representam, em grande medida, combinações ou nuances intermediárias nas quais o observador atento não poderá deixar de reconhecer de imediato a existência de elementos constitutivos das três categorias, às vezes em proporções muito desiguais. Em todo caso, não existem dúvidas de que o programa (ou seja, a codificação das crenças políticas que deram origem à organização) pode ser rudimentar na primeira categoria - dos partidos que se baseiam inteiramente na fé e na autoridade de uma única pessoa -, mas é inegável que as outras duas categorias (a segunda talvez ainda mais que a terceira) exigem programas bem-elaborados. Contudo, mesmo no caso dos partidos doutrinários, talvez se possa dizer, acompanhando Perley Orman Ray, que os princípios de um partido tendem a ser mais conspícuos nos seus períodos iniciais de formação, e que numa fase posterior de sua história a política tende a obscurecer os princípios.[8]

Todavia, parecem-me existir outras duas categorias de partidos políticos que, apesar de se aproximarem em certo sentido das organizações baseadas em princípios, apresentam características indicadoras de outros tipos de partido que os distinguem um pouco de seus análogos. Refiro-me aos partidos confessionais e aos partidos nacionais. Os primeiros declaram ter não tanto uma mera *Weltanschauung* (teoria da vida), mas uma *Überweltanschauung* (teoria da vida metafísica, uma crença). Buscam adaptar as necessidades da vida terrena, tida como uma fase preparatória, à vida imortal da alma. Já os partidos nacionais tendem a ter ideias ao mesmo tempo gerais e universais; eles podem, por exemplo, proclamar com os irredentistas italianos, com Stanislao Mancini e Terenzio Mamiani, o princípio da nacionalidade, entendido no sentido verdadeiro como o direito de cada povo e de cada fração do povo à soberania completa e incondicional.[9] Contudo, desde 1970 pelo menos, os partidos nacionais que praticavam esse ideal transformaram-se em partidos nacionalistas. Em certo sentido, estes últimos são mais limitados e despojados de princípios gerais, porque não se pode conceber um princípio geral que pare numa fronteira nacional, ou pior, que a ultrapasse somente para recusar a outras nacionalidades o direito à liberdade e à independência que invejosamente reservam para si próprios.

É igualmente verdade que, no correr do tempo, muitos outros princípios políticos funcionam no sentido oposto aos seus objetivos gerais e originais, por exemplo, o princípio da liberdade de pensamento. Pode-se dizer que os otimistas são, em geral, teóricos extremistas. As consequências disso foram tratadas com propriedade por George Sorel, referindo-se aos jacobinos:

> Se, infelizmente, eles estão munidos de grande poder político que lhes permite tornar realidade um ideal que conceberam, os otimistas podem levar seu país às piores catástrofes. Aliás, não demora muito para reconhecerem que as transformações sociais não podem ser realizadas com a facilidade que esperavam, e atribuem seu desapontamento aos seus contemporâneos, em vez de explicar a marcha dos acontecimentos pela necessidade histórica; assim, acabam tentando eliminar essas pessoas cujos desejos nefastos lhes parecem pôr em perigo o bem-estar da humanidade. Durante o Terror, aqueles que derramaram mais sangue foram justamente os que desejavam com mais ardor capacitar os seres humanos a desfrutar da idade de ouro com que tinham sonhado e os que tinham a mais intensa compaixão pela miséria humana. Otimistas, idealistas, sensíveis como eram, esses homens se revelaram mais implacáveis quanto maior sua sede de bem-estar universal.[10]

Mas se a identificação inconsciente de finalidades – materiais ou imateriais, pouco importa – com o bem comum parece ser uma lei absoluta de nosso espírito, não é menos verdade que, entre todos os grupos sociais, o partido político nacional é o que mais abusa desse princípio. Afinal, toda nação acredita ter o dever de cumprir certas missões, seja de liberdade (os franceses em sua Revolução), ordem (os alemães sob Guilherme II), civilização (o "fardo do homem branco"), disciplina, moralidade ou outros ideais. Todas essas missões concorrem para dotá-las de direitos presumidos sobre os povos vizinhos, considerados incapazes de enfrentar suas tarefas sem serem forçados a obedecer a ordens emitidas pelo povo dotado da missão. Comunicar a coletividades nacionais a boa-fé que muitas vezes resulta dessa ideia de missão confere a essas nações a autoconfiança e a energia de que carecem para alcançar seus objetivos. Isso mostra o profundo equívoco dos críticos que consideram os grupos nacionais essencialmente violentos e cruéis por causa de suas ações agressivas. No fundo, a ferocidade e selvageria que levam alguns povos a esmagar e exterminar os interesses e as aspirações de outros são apenas formas através das quais se manifesta a convicção missionária, quase sempre visionária. Os povos missionários são violentos e brutais não nos sentimentos, mas nas ações.

Contudo, como tentei provar em um dos meus livros,[11] a necessidade de organização (que os norte-americanos chamam de "máquinário") e as tendências inelutáveis da psicologia humana, individual e de grupo, fazem desaparecer importantes distinções de origem. O partido político tem sua alma peculiar, independentemente dos seus programas e normas e dos princípios eternos dos quais se imbui. A psicologia da multidão é mais ou menos a mesma entre os socialistas e os nacionalistas, entre os liberais e os conservadores. Nos movimentos grupais, com raras exceções, as coisas caminham naturalmente, e não "artificialmente". O fato de o povo seguir seu líder é um fenômeno natural. "Se tomarmos o termo no rigor da acepção", disse Rousseau, "nunca existiu verdadeira democracia, nem jamais existirá. É contra a ordem natural que o grande número governe e o pequeno seja governado."[12] Nosso conhecimento sistemático da vida política das principais nações civilizadas do mundo nos autoriza a afirmar que a tendência à oligarquia é uma das necessidades históricas, uma das leis de ferro da história, da qual a maior parte das sociedades democráticas modernas, e dentro delas os partidos mais avançados, não tem conseguido escapar.[13]

Ao se darem líderes, os operários criam com as próprias mãos novos patrões, cujo principal meio de dominação consiste na sua superioridade técnica e intelectual e na incapacidade das massas de controlarem a execução de seus comandos. Nesse sentido, o papel dos intelectuais nos partidos políticos tem sido objeto de estudos profundos. Além disso, graças aos numerosos cargos honorários e assalariados de que dispõe, a máquina do partido socialista oferece aos operários possibilidades de fazer carreira que exercem forte atração sobre eles. Ora, à medida que a vocação política se torna mais complexa e as regras da legislação social se multiplicam, impõe-se aos líderes partidários uma existência cada vez mais profissionalizada, que se baseia numa expansão contínua do conhecimento, dos modos de fazer e proceder, e às vezes de sutileza no trato de situações. É por isso que a distância entre líderes e liderados tende a aumentar. Identificamos, assim, o motivo da flagrante contradição existente em partidos maduros entre declarações e intenções democráticas, de um lado, e a prática oligárquica, de outro. Daí o constante surgimento de conflitos, muitas vezes de teor shakespeariano, nos quais o cômico tangencia o trágico. Pode-se dizer, portanto, que a organização é precisamente a nascente das correntes conservadoras que desembocam na planície da democracia, causando inundações devastadoras que a tornam irreconhecível.

Esse *Götterdämmerung** não surpreende em absoluto os espíritos mais alertas e analíticos. Há muito tempo, o filósofo escocês Francis Hutcheson, professor de Adam Smith, observou que a paciência do povo sempre foi grande demais e sua veneração aos líderes, estúpida demais.[14] Pareto, por sua vez, afirma que a era contemporânea não se caracteriza de modo algum pelo aumento da sociabilidade e pela diminuição do individualismo, mas, fun-

* Em alemão no original: crepúsculo dos deuses. (N.T.)

damentalmente, por um movimento de troca de posições. Por exemplo, o sentimento de subordinação que se manifestava antigamente pela sujeição mais ou menos voluntária das classes inferiores às classes superiores da sociedade foi simplesmente substituído pela submissão das classes subordinadas ao líder do partido, ao sindicato e à greve, e pela submissão, menos aparente, das classes superiores à escória do povo, que nunca foi objeto de tanta adulação como atualmente.[15] E Gabriel Tarde referiu-se a dois sentimentos correlatos nos tempos modernos, quais sejam, a desconfiança mórbida do público democrático com relação a seu senhor, e o medo, a má índole, a insipidez do assim chamado senhor, que se submete a todas as ordens dos seus inferiores.[16] A experiência ensina que o próprio chefe demagogo e bajulador considera a adulação como um instrumento, já que seu objetivo sempre é o de dominar a multidão. A democracia se agarra à elevada posição social do orador, disse Charles Mauras, como uma mulher – pois a multidão é feminina – cuja imaginação recebe enlevada aquele que a excita.[17] E como Thomas Carlyle havia declarado antes: "Nenhum britânico pode chegar a ser um estadista ou chefe dos trabalhadores antes de provar-se um chefe dos oradores."[18]

Os apelos democráticos. A democracia é por natureza um regime de massas. Portanto, ela não pode funcionar sem as massas. O parlamentarismo pressupõe o eleitoralismo, e o eleitoralismo implica massas eleitoras.[19] Disso se segue que é inútil que os partidos políticos sejam, por origem e objetivos, parcialmente aristocráticos, pois a verdade é que, apesar disso, são obrigados a tirar proveito das massas populares. Na época da eleição, os candidatos *aristoi* dignam-se a descer de suas mansões e irrompem entre os camponeses rústicos no intuito de conquistarem maioria em seus distritos.[20] Isso não surpreende. Aliás, eles não são ridículos o bastante para, nesses momentos solenes e decisivos, falarem em nome do privilégio das minorias e se limitarem a aceitar unicamente os votos da parcela dos seus semelhantes que são os possuidores exclusivos da vocação governamental. Como dependem do processo eleitoral, os partidos aristocráticos têm de fazer o melhor possível com o que têm. Afinal de contas, os aristocratas se agarram à esperança de persuadir indiretamente as massas a renunciarem aos seus direitos com seus próprios votos. É este, no fundo, o ideal dos *Junkers** prussianos e dos aristocratas franceses que para se democratizarem jogam fora os trajes indesejáveis da realeza. Ademais, partidos que representam grandes interesses econômicos ou de classe também seguem de perto esse método de camuflagem. Na época de eleições, a maioria dos partidos procura dirigir-se não exclusivamente a seus associados. Na democracia, todo mundo apela ao povo, a cada pessoa do povo, sem discriminações. O partido socialista – o mais estritamente proletário – não hesita em pedir abertamente, na hora adequada, o voto dos artesãos, dos camponeses e da pequena burguesia. Um socialista, que antes das eleições, e depois delas, tem uma visão muito restrita do que quer dizer "classe operária", durante as campanhas adora esticar a extensão teórica dessa classe a ponto de incluir os capitalistas, desde que, naturalmente, eles não sejam muito refratários a conceder aos seus empregados um pequeno aumento de salário.

Essa tendência, imanente à vida política do mundo contemporâneo, e que um piadista não resistiria à tentação de denominar de jogo de esconde-esconde, manifesta-se inclusive nos nomes que os partidos políticos habitualmente usam para batizar suas legendas. Numa democracia, os partidos políticos tendem a se

---

* As classes proprietárias de terra, os nobres. (N.T.)

cercar de uma densa nuvem terminológica, de colorido quase homogêneo. Eis os nomes de alguns partidos modernos: na França, Ação Liberal, Republicanos Progressistas, União Republicana, Esquerda Democrática, Esquerda Radical, Republicanos Socialistas Radicais, Republicanos Socialistas.[21] Na Alemanha, o Partido Alemão Popular, Partido Nacional do Povo Alemão, Partido do Povo Alemão, Partido Democrático, Partido Social-Democrata e Partido do Povo Cristão. Na Suíça as legendas partidárias diferem muito pouco das que são usadas nos países vizinhos. Pode-se dizer que nenhum partido é distinguível dos outros. Todos os partidos alemães e francesas são quase igualmente "populares", "democráticos" e "nacionais". Essa tendência é um belo exemplo da aplicação da lei de Darwin de adaptação ao meio transposta para o campo da política. É quase um mimetismo críptico. Nas eleições francesas de 1848, candidatos de quase todos os matizes da opinião política gostavam de chamar-se de trabalhadores e socialistas, em homenagem ao primeiro sufrágio universal.[22] Hoje em dia, todos são democráticos.

A influência que essa tendência includente exerce sobre os partidos políticos também é claramente visível na tática dos partidos confessionais. Vale recordar, por exemplo, que os partidos católicos existentes nos principais países europeus costumam esconder cautelosamente seu caráter essencial pelas designações que adotam. Nenhum se aventura a chamar-se de católico. Na Itália, o partido católico se chama simplesmente "popular"; na Alemanha, torna-se o "partido do centro". E mais: este último oferece incentivos à adesão de certo número de protestantes entre seus filiados e, inclusive, entre os representantes oficiais.[23] Na Itália, durante um congresso em Turim patrocinado pelo partido católico, na Páscoa de 1923, a pretexto de que um partido genuinamente católico é uma *contradiction in adjecto* (uma contradição em termos, já que a palavra "católico" significa universal, e a palavra "partido" significa parcial), Don Sturzo propôs a tese de que sua organização devia ser marcadamente não confessional.[24] A tendência includente propagou-se até no Parlamento. Basta citar a paradoxal coexistência no Palais Bourbon, que abriga a Assembleia Nacional da França, de grupos politicamente constituídos e "deputados não filiados a qualquer grupamento", que inclui pessoas das mais diversas opiniões e que até indica nomes para um órgão estatal.[25]

Duas tendências opostas – uma ligada à diferenciação e outra à integração – se estabelecem entre os partidos políticos. A primeira, que chamaremos de tendência centrífuga, induz os partidos a se distinguirem uns dos outros, seja por suas bases teóricas e programas, seja por suas manifestações cotidianas. Mas esse movimento parece ser reprimido e muitas vezes desviado por uma segunda tendência, mais forte, que é inerente a todas as organizações partidárias – a tendência integradora do número máximo, o inimigo mortal de toda liberdade programática e de pensamento. Trata-se de uma tendência centrípeta, consequência lógica do impulso fundamental que domina a vida dos partidos políticos: o da conquista do Estado. Nos lugares onde só existem dois partidos, como nos Estados Unidos, o sistema bipartidário já é uma expressão extrema da vitória da tendência centrípeta sobre a tendência centrífuga. E é uma vitória ainda mais patente se levarmos em conta que, no momento presente, democratas e republicanos quase não se diferenciam em termos teóricos ou programáticos, de modo que ambos podem se dirigir ao eleitorado sem nenhum "lastro" de ideias diferenciadoras.

Falsas classificações partidárias. A verdadeira *raison d'être* dos partidos políticos é a disputa do poder. Os meios de fazê-lo certamente diferem: alguns partidos desejam chegar ao poder de maneira pacífica, sem muita agitação (quase como um processo evolutivo). Outros, por entenderem que jamais alcançarão seus objetivos pela via evolutiva, preferem uma ação, ou uma série de ações, mais vigorosa e rápida, pela tática revolucionária. É igualmente óbvio que as ideias dos partidos sobre o que fazer depois de alcançado o poder também diferem – haja vista que a ação dependerá, pelo menos em princípio, das concepções prévias de cada um sobre o papel do Estado, concepções estas que, em tese, podem até mesmo contemplar sua abolição. Para destruir, é preciso antes conquistar o Estado. Seja como for, o primeiro estágio de um partido político é determinado por seu desejo ardente de assumir o poder, de tornar-se o Estado. O objetivo final do partido consiste na estatização. Por esse motivo, ainda que na expectativa da utopia, em seu estágio inicial, o partido tentará estabelecer tanto quanto possível um pequeno Estado dentro do Estado. Isso nos permite sustentar a tese de que o partido político mais consumado será aquele que criar em seu corpo interno todos os elementos organizacionais e intelectuais de forma a torná-lo capaz de um dia assumir completamente as funções do Estado, assim como Minerva saiu completamente armada do cérebro de Júpiter.

É interessante discutir rapidamente a teoria dos partidos políticos de Vilfredo Pareto. Como Weber, o autor destas linhas e outros, Pareto começa pela premissa de que os partidos políticos buscam o poder. Em seguida, ele divide os partidos em dois grupos essenciais: primeiro, há os partidos que se devotam ao governo. Esse grupo abrange o partido no poder e aqueles que, fora do centro de poder, a ele aspiram com boas chances de sucesso, e que enquanto isso constituem os partidos de oposição. Segundo, há os partidos intransigentes que dificilmente alcançam o poder. Estes últimos agregam um número maior de pessoas fanáticas, e também honestas, do que os demais agrupamentos, que são menos violentos, mas igualmente corrompidos.[26] Note-se de passagem que, de acordo com um axioma da sociologia jurídica italiana, não há uma suposição universal de que um governo compõe-se de homens honestos. Um eminente sociólogo italiano, Gaetano Mosca, chegou a considerar muito difícil para um homem honesto que realizou suas ambições políticas resistir à deterioração do seu senso moral. Assim, Mosca parece preferir que o homem honesto permaneça e atue fora do governo, preservando sua capacidade de influenciar a opinião pública.[27]

Não ousaremos dizer, porém, que a classificação de Pareto é impecável. Em primeiro lugar, sua premissa, na minha opinião, é equivocada. Dividir os partidos políticos entre os que "chegaram" e os que não chegaram, ou não desejam chegar ao poder, é tomar o acaso como critério – a não ser que se pense em partidos políticos divertindo-se com a intransigência por puro capricho, o que é inadmissível. Se existem partidos que, em dado momento, se recusam a assumir o poder, mesmo quando este lhes é oferecido como um fruto maduro, essa recusa não significa uma renúncia eterna – o que seria o equivalente ao suicídio. Ao contrário: nesses casos, a recusa é influenciada pelo medo de o partido não estar preparado o suficiente para assumir impunemente as responsabilidades do governo, ou por estar inseguro quanto à obediência dos seus adeptos, divididos por divergências de opinião sobre a tática a ser adotada; ou ainda pelo receio de aceitar um cavalo de troia e cair numa cilada ou armadilha lançada pelos adversários. É certo que tais recusas (exemplos recentes são os dos partidos socialistas italiano e francês) podem ser julgadas de maneira muito diferente – como uma "política de ocasiões perdidas e arrependimento tardio". Qualquer que seja o julgamento, essas recusas em assumir o poder, como vimos, têm uma causa política acidental e casuística, e sempre insinuam a esperança do partido de ser capaz, com o pronto amadurecimento, de resgatar a dívida do governo e conquistar o Estado em circunstâncias políticas mais favoráveis e mais promissoras.

Em segundo lugar, ao identificar o partido que "chegou lá" e o partido transigente, Pareto supõe uma relação entre a conquista do poder e o compromisso político que pode ser verificada, mas que está longe de formar uma lei soberana capaz de abranger a rica e variada história dos partidos políticos modernos.

Nesse ponto, surge uma outra questão. É possível distinguir os partidos políticos conforme sua escolha pela história passada ou pelo progressivismo político como principal aspiração? Será que se poderia falar em partidos retrógrados e reacionários, e em partidos progressistas? Há um tanto de verdade nessa nomenclatura. Sem dúvida, podemos discernir partidos voltados para o restabelecimento de instituições políticas e sociais existentes no passado, consideradas superiores e mais adequadas do que o estado de coisas que as substituiu. Acrescente-se que, de acordo com esse critério unicamente temporal – que não implica a ideia de liberdade, autoridade, ou de qualquer outro princípio de ordem política ou filosófica –, haveria lógica em designar como retrógrados, por exemplo, os partidos antibolchevistas da Rússia, os partidos liberais antifascistas da Itália, os partidos monarquistas da França e da Alemanha e os partidos irredentistas nos países que foram separados do território pátrio original. Sem dúvida, esse critério nos fornece uma coleção incongruente de organizações políticas nas quais se juntam inimigos mortais ligados entre si por um único laço: a aspiração comum a um estado de coisas preexistente, qualquer que tenha sido. Por outro lado, há um grupo de partidos políticos não menos incongruentes do que a coleção acima examinada. São os partidos progressistas, orientados para um novo estado de coisas que jamais existiu na história, mas que eles julgam possível, desejável e exequível. Os protótipos dessas organizações políticas são os partidos socialistas da Europa central e ocidental.

Mas não seria adequado classificar os partidos em duas categorias: os do passado e os do futuro. E por dois motivos. Primeiro, porque quem ousa alinhar-se aos partidários da filosofia da história de Giambattista Vico – cujo cerne consiste da teoria cíclica do *corsi e ricorsi** – não duvida da tese de que o presente é um mero parêntese contraditório entre o passado e o futuro, de modo que o futuro muitas vezes tem maior afinidade com o passado do que com o presente. Segundo, porque carece de senso histórico supor que seja possível restaurar completamente o passado. As épocas históricas não se prestam à reprodução fotográfica. No processo, algo se modificou, alguém mudou, em relação às circunstâncias e ao acordo de opiniões. É por isso que os partidos do passado não devem imaginar que serão capazes de restabelecer os *tempora acta***. O futuro é inevitavelmente influenciado pelas mudanças duradouras que se realizaram, e o partido "reacionário" deve levar em conta não só as vantagens reais geradas pela ordem em curso que tenta eliminar, como também os novos interesses básicos que esse regime criou. Cito dois exemplos. Na França, a derrrota da grande Revolução e da efetivação (incompleta) que encontrou no regime de Napoleão I, ainda que implicando o retorno dos Bourbon e a Restauração, não restabeleceu, apesar das promessas de pagamento de indenizações aos *émigrés*, toda a extensão da grande propriedade rural do antigo regime. A reação incomodou um pouco a nova classe camponesa, que *per fas aut nefas****, havia

* Na teoria da história de Giambattista Vico, a expressão "*corsi e ricorsi*" refere-se ao aspecto não linear do progresso, que se faz ver por ciclos que se repetem e que incluem, invariavelmente, avanços e retrocessos. A história, nesta perspectiva, é recorrente. (N.T.)

** Em latim no original: "tempos passados". (N.T.)

*** Em latim no original: "de uma maneira ou de outra". (N.T.)

surgido graças à redistribuição da terra confiscada dos aristocratas. Embora seja indesejável, e até arriscado, predizer um futuro envolto nas brumas da incerteza, parece claro que a queda do bolchevismo, por incerta que seja, acabará produzindo imensas transformações na constituição econômica e jurídica da Rússia, mas deixará intactas as novas formas de pequena propriedade agrária, que à custa da nobreza substituíram os latifúndios.

Cabe dizer ainda algumas palavras sobre a questão terminológica dos partidos chamados revolucionários. É muito comum atribuir à palavra "revolucionário" um significado histórico especial que deriva da memória que os homens preservam da grande Revolução Francesa, geralmente considerada o protótipo das revoluções. Daí que a palavra é associada apenas às lutas por liberdades empreendidas pelas classes inferiores contra seus superiores. E, além disso, a interpretação popular do termo envolve violência e derramamento de sangue. No entanto, do ponto de vista puramente lógico, a palavra indica tão somente uma transformação fundamental de uma ordem legal, não importam os meios empregados para consumá-la. Isso nos permite sustentar que "revolução" e "contrarrevolução" são palavras equivalentes. Entre elas existe apenas uma diferença moral, que é meramente subjetiva.

Em 1831, um historiador prussiano, Friedrich von Raumer, escreveu, de Paris, essas palavras judiciosas: "Para os liberais, a palavra 'revolução' significa a eliminação de uma ordem social decrépita e obsoleta, perniciosa e ignominiosa, enquanto a 'contrarrevolução' equivale, para eles, a uma inclinação para a injustiça e uma ordem antiquada. Seus oponentes, os conservadores, ao contrário, compreendem a palavra 'revolução' como uma soma de todos os desatinos e delinquências, enquanto a palavra 'contrarrevolução' é entendida como sinônimo de ordem, autoridade e religião."[28] Trata-se, portanto, de palavras que exprimem unicamente sentimentos e opiniões – talvez bastante significativas, mas inteiramente pessoais e arbitrárias. A ciência política não deve aprovar esse tipo de terminologia.

De fato, o que a alguns pode parecer um fracasso da democracia e uma triste, e quase irremediável, lesão aos seus princípios eternos, a outros pode parecer a confirmação de uma lei salutar. Essa lei prescreve que os homens, em todos os empreendimentos que exigem ação coletiva, devem subordinar seus movimentos particulares à vontade única de um líder, e que, entre duas atitudes possíveis, lealdade e desconfiança, que eles poderiam tomar para com esse líder – a quem as democracias têm de recorrer –, só a primeira é construtiva e generosa.[29]

Depois da Segunda Guerra Mundial, surgiram dois novos partidos inspirados nas ideias de Auguste Blanqui acerca das minorias, e mais influenciados ainda pelas rigorosas e diversificadas concepções do movimento sindicalista francês, sob a direção espiritual de George Sorel (amigo de Pareto). Esses partidos têm uma nova base, a elite. Ambos contrastam profundamente com as teorias democráticas e eleitoreiras da época. Na Rússia, o bolchevismo, apossando-se do poder central com violência inaudita, impôs à maioria da população a dominação de uma minoria proletária. Na Itália, o fascismo, dotado de igual elã vital, arrebatou o poder de mãos fracas e convocou em nome do país a minoria de homens ativos e vigorosos que estão sempre a postos.

A elite antidemocrática, teoricamente minoritária, não consegue abandonar de todo o princípio das massas. Durante mais de um século, liberalismo, democracia e socialismo têm se dirigido diariamente a todos os setores populares, sem distinção. Acrescente-se a esse fato o método do patriotismo moderno que sabemos ser de natureza revolucionária, tanto por sua origem como por sua tática, e que nunca deixou de atrair ou de tentar fascinar a mais ínfima molécula da comunidade nacional. De fato, às vésperas da Revolução, a França era (ou parecia ser aos democratas) um mero amontoado de pessoas extremamente desunidas, quase estranhas umas às outras. A despeito de uma permanente propensão para a unidade, a França do *Ancien Régime* só parecia mostrar diversidade, desordem, heterogeneidade; aos olhos dos seus contemporâneos, aparentava ser um caos. A França não tinha unidade nem na legislação civil (que incluía mais de trezentos sistemas jurídicos locais, frequentemente contraditórios entre si), nem na administração, na magistratura, nos planos militares, na vida comunal, em coisa alguma. Enfim, para dar voz aos sentimentos da *patrie moderne* em um país desunido é preciso permitir que toda a França, urbana e rural, fale.[30] Só Deus sabe quanto a França usou essa voz nos *cahiers* de 1789.

Hoje, com o despertar das massas trabalhadoras e camponesas que se seguiu à Revolução Francesa por cerca de um século e meio, a fenomenologia dos fatos que se desenrolam continuamente diante de nossos olhos demonstra que a elite não é mais capaz de manter seu poder sem o consentimento explícito ou tácito das massas das quais depende, de muitas maneiras. Existe, portanto, entre o partido que domina e monopoliza o Estado a ponto de confundir-se com ele e as massas privadas de direitos políticos, uma limitação social. Assim, na Itália pelo menos, o partido da elite, os fascistas, não podia fazer outra coisa senão pedir, assegurar e manter o apoio das massas. Em busca desse apoio, o partido fascista também foi guiado pela necessidade política, isto é, pela necessidade de provar aos Estados vizinhos – todos mais ou menos imbuídos de ideias democráticas e majoritárias – que, embora seja teoricamente uma minoria, representa cabalmente a genuína vontade popular do país. Disso resulta a adoção da teoria do consenso, que se baseia (mais do que no voto popular) na opinião pública, mensurável não tanto pela liberdade de imprensa, mas pelo número de adeptos e organizações políticas, econômicas e sociais. Em certa medida, é o entusiasmo popular que serve de justificativa aos partidos da elite para seus direitos adquiridos. Baseando-se nisso, o partido da elite perde muito pouco de sua pureza teórica, porque uma elite teoricamente segura de sua vocação e de seu poder sempre é, por definição, autossuficiente. Ela não precisa ter a maioria concordando com ela.

Eis aí a verdadeira antinomia da antidemocracia, não necessariamente trágica, mas perigosa, um dilema que surge numa forma comparável ao fole da sanfona. Em sua atividade política, os partidos da elite desenham um perpétuo movimento oscilatório estimulado alternativamente por imprevisibilidades, como a adequação da situação, e por duas tendências inerentes: seus estereótipos doutrinários e seus interesses políticos. Esses partidos ora inflam suas estruturas exageradamente, chegando a abarcar quase toda a nação, e se vangloriam dos seus milhões de membros políticos e sindicais, ora contraem seus quadros expelindo o excesso e tentando voltar a ser partidos minoritários propriamente ditos, isto é, partidos de eleição e de opção, às vezes em proporção a um *numerus clausus*.[31] Entre esses limites extremos, um deles assinalado pela indispensabilidade da autoridade dos números, o outro fixado pelo princípio da homogeneidade e pela força que dela emana, o pêndulo oscila continuamente.

NOTAS

1. Max Weber, "Wirstchaft und Gesellschaft", *Gundrisse der Sozialökonomik* III, Tübingen, 1925, 2ª ed., p.167, 639.
2. Friedrich Naumann, *Die politischen Parteien*, Berlim, 1910, p.8.
3. Maurice Charney, *Les allemanistes*, Paris, 1912, p.25.
4. Yves-Guyot, *La comédie socialiste*, Paris, 1897, p.111.
5. Robert Michels, *La sociologia...*
6. Charles Rappoport, *Jean Jaurès: L'Homme, le penseur, le socialiste*, Paris, 1916, 2ª ed., p.366.

7. Cf, para os Estados Unidos, C.E. Merriam, *The American Party System*, Nova York, Macmillan, 1ª ed., 1922, p.5.
8. Introdução a *Political Parties and Practical Politics*, Nova York, 1917, 3ª ed., p.5.
9. Pasquale Stanislao Mancini, "Della nazionalità como fundamento del diritto delle genti", in *Diritto internazionale: Prelezioni*, Nápoles, 1873; Terenzio Mamiani, *D'un nuovo diritto europeo*, Turim, 1860; G. Carle, *Pasquale Stanislao Mancini e la teoria psicologica del sentimento nazionale. Discorso letto alla R. Accademia dei Lincei*, Roma, 1890; Luigi Palma, *Del principio di nazionalità*, Milão, 1863.
10. Georges Sorel, Lettre à M. Daniel Halévy", *Le Mouvement Socialiste*, ano 9, n.189, t.190, 16 ago e 5 set 1907, p.142-3.
11. *La Sociologia...*
12. Jean-Jacques Rousseau, *Contrato social.*
13. Cf. Robert Michels, em *Verhandlungen des Kongresses des deutschen Institutes für Soziologie*, Viena, 27 set 1926/Tübingen, 1927.
14. *Philosophiae moralis institutio compendiaria*, Glasgow, 1742, livro III, cap.viii.
15. Vilfredo Pareto, *Trattato...*, vol.II, p.248.
16. *La logique sociale*, Paris, p.297.
17. "Une campagne royaliste", *Figaro*, ago 1901-jan 1902, p.32.
18. *Latter Day Pamphlets*, n.5: Stump Orator, p.167 (*Works of Thomas Carlyle*, edição standard, vol.III, Londres, 1906).
19. Michels, "Psychologie der antikapitalistischen Massenbewegung", *Grundriss der Sozialökonomik*, vol.IX, n.1 (1926), p.326.
20. Friedrich Naumann, *Demokratie und Kaisertum*, Berlim, 1904, p.92.
21. Robert de Jouvenel, *La République des Camarades*, Paris, 1924, p.69.
22. Daniel Stern (Comtesse d'Agoult), *Histoire de la Révolution de 1848*, Paris, 1887, vol.II, p.318.
23. Martin Spahn, *Das deutsche Zentrum*, Mayence, p.62-3.
24. *Giornale d'Italia*, 13 abr 1923.
25. De Jouvenel, *op.cit.*, p.66.
26. Pareto, *Trattato...*, vol.II, p.638.
27. *Elementi di scienza politica*, p.462.
28. Friedrich von Raumer, *Briefe aus Paris und Frankreich im Jahre 1830*, Leipzig, 1831, p.26.
29. André Maurois, *Dialogues sur le commandement*, Paris, 1925, p.170.
30. A. Aulard, *Le patriotisme français de la Renaissance à la Révolution*, Paris, 1921, p.85, 93.

31. O jornal oficial do partido fascista publicou em 22 de maio de 1926 o seguinte: "O secretário-geral do Partido considera necessário lembrar a todos os fascistas locais que, a partir de 21 de abril, estão proibidas todas as novas filiações, e não se concederão novas carteiras, ativas ou honorárias. Serão bloqueadas todas as solicitações de adesão por parte de grupos ou organizações. O secretário-geral insiste mais uma vez que todos os secretários locais devem proceder, com muito cuidado e energia, à tarefa de expurgar o corpo de associados. Somente assim o partido, com seu grande número de filiados, poderá tornar-se um organismo compacto e ágil, capaz de levar adiante as tarefas que nos foram concedidas pelo Duce."

Referências e fontes

- A consideração da p.18 sobre o Estado como instrumento de ponderação está em Ettore Albertoni, *Doutrina da classe política e teoria das elites*, Rio de Janeiro, Imago, 1990, p.96-110.

- A citação de Mosca na p.20 foi retirada de Gaetano Mosca, *Questioni pratiche di diritto constituzionale*, Turim, Bocca, 1898, p.282-3.

- As frases de Pareto citadas nas p.30 e 31 foram retiradas de Mario Grynszpan, *Ciência, política e trajetórias sociais: uma sociologia histórica da teoria das elites*. Rio de Janeiro, FGV, 1999, p.186 e 199-200, respectivamente.

- A frase de Schumpeter citada na p.40 foi retirada de seu *Capitalismo, socialismo e democracia*, Rio de Janeiro, Editora Fundo de Cultura, 1961, p.343.

- A figura da p.42 foi retirada de Robert Dahl, *Poliarquia: participação e oposição*, São Paulo, Edusp, 1997, p.30.

- As palavras de Oliveira Vianna nas p.44, 45 e 46 vêm de seu *Problemas de política objetiva*, São Paulo, Companhia Editora Nacional, 1930, p.18, 19, 155 e 175.

- Os avulsos de Vilfredo Pareto foram traduzidos a partir de *Écrits politiques: reazione, liberta, fascismo (1896-1923)*, org. Giovanni Busino, Genebra, Droz, 1974.

- Os avulsos de Robert Michels foram traduzidos a partir de *First Lectures in Political Sociology*, org. Alfred de Grazia, Mineápolis, University of Minnesota Press, 1949.

Sugestões de leitura

Aaron, Raymond. *Etapas do pensamento sociológico*. Rio de Janeiro, Martins Fontes, 2008.

Raymond Aaron dedica um capítulo a Vilfredo Pareto nesse livro de narrativa das principais vertentes da sociologia. O autor atenta especialmente para o sistema de pensamento presente no *Tratado de sociologia geral*, obra de Pareto com maior interesse sociológico.

Albertoni, Ettore. *Doutrina da classe política e teoria das elites*. Rio de Janeiro, Imago, 1990.

Nesse livro, Ettore Albertoni apresenta as principais etapas da biografia política e intelectual de Gaetano Mosca em relação com sua obra. Vilfredo Pareto e Robert Michels são mobilizados na medida de sua interlocução com Mosca. O texto é precedido de uma introdução para o leitor brasileiro e sucedido de uma síntese dos principais desdobramentos da teoria das elites na cena política pós-Segunda Guerra Mundial.

Assis Brasil, Joaquim Francisco. *Democracia representativa: do voto e da maneira de votar*. Introdução de José Giusti Tavares. Edição fac-similar. Brasília, Conselho Editorial do Senado Federal, 1998.

Publicado originalmente em 1893, esse livro, acrescido de poucas modificações, constitui as bases do primeiro código eleitoral brasileiro, de 1932. Nele, Assis Brasil propõe o voto secreto, o voto feminino, a participação do magistrado na verificação de poderes dos cargos executivos e, por fim, o sistema de representação proporcional. Embora defensor do sufrágio ampliado, reforça a incapacidade do povo para a política e a habilitação necessária de boas elites políticas.

Bobbio, Norberto. "Teoria das elites", in *Dicionário de política*. Brasília, UnB, 2000.

Trata-se de verbete enxuto de apresentação da teoria das elites, com suas matrizes clássicas e desdobramentos contemporâneos.

Bottomore, T.B. *As elites e a sociedade*. Rio de Janeiro, Zahar, 1965.

Texto introdutório e crítico ao pensamento elitista.

Dahl, Robert. *Poliarquia: participação e oposição.* São Paulo, Edusp, 1997.

Esse livro de Robert Dahl integra um exercício do autor de ressignificação da democracia na sua versão contemporânea.

Finley, Moses. *Democracia antiga e moderna.* Rio de Janeiro, Graal, 1988.

Finley tece forte crítica ao entendimento sobre democracia presente nas versões contemporâneas da teoria elitista, acusando Joseph Schumpeter e Seymour Martin Lipset de naturalizarem a apatia pública. O autor apela por novas formas de participação popular e pela reintrodução, na vida pública, do espírito ateniense.

Grynszpan, Mario. *Ciência, política e trajetórias sociais: uma sociologia histórica da teoria das elites.* Rio de Janeiro, FGV, 1999.

Nesse livro, Grynszpan propõe uma leitura sociológica das obras de Mosca e Pareto, atenta às relações entre suas biografias intelectuais e políticas.

Michels, Robert. *Sociologia dos partidos políticos.* Brasília, UnB, 1982.

Obra de maior projeção de Robert Michels, em que o autor apresenta e desenvolve o conceito de lei de ferro das oligarquias a partir de sua experiência no Partido Social-Democrata alemão.

Oliveira Vianna, Francisco José de. *Problemas de política objetiva.* São Paulo, Companhia Editora Nacional, 1930.

Entre outros livros de Oliveira Vianna, esse reúne críticas do autor à participação política do povo: inapto a formar juízo adequado acerca dos bons caminhos para a vida pública, o homem comum não pode assumir seu protagonismo.

Pareto, Vilfredo. *Tratado de sociologia geral* (seleção de capítulos), in Rodrigues, José Albertino (org.), *Pareto: Sociologia.* São Paulo, Ática, 1984.

Principal obra sociológica de Vilfredo Pareto, em que são abordados os temas das ações lógicas e não lógicas, dos resíduos e das derivações.

Schumpeter, Joseph. *Capitalismo, socialismo e democracia.* Rio de Janeiro, Editora Fundo de Cultura, 1961.

Schumpeter desenvolve crítica contundente ao entendimento clássico da democracia e apresenta nova concepção democrática, ajustada ao que considera serem as reais possibilidades da cena contemporânea.

1ª EDIÇÃO [2011]

ESTA OBRA FOI COMPOSTA POR MARI TABOADA EM META PRO E MINION PRO E IMPRESSA PELA UMLIVRO EM PROCESSO DE IMPRESSÃO SOB DEMANDA SOBRE PAPEL PÓLEN SOFT DA SUZANO S.A. PARA A EDITORA SCHWARCZ A PARTIR DE MAIO DE 2020

FSC
www.fsc.org
MISTO
Papel produzido a partir de fontes responsáveis
FSC® C128038

A marca FSC® é a garantia de que a madeira utilizada na fabricação do papel deste livro provém de florestas que foram gerenciadas de maneira ambientalmente correta, socialmente justa e economicamente viável, além de outras fontes de origem controlada.